U0908744

汉字中的建筑之美

王元鹿 主编
古敬恒 著

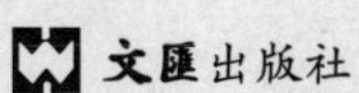
文匯出版社

序

王元鹿

有一件美好的东西，日日与您为伴，日日为您服务，您却常常忽视了它的美——内在的美与外在的美，这就是汉字。

汉字是我们伟大祖国的宝贵遗产之一。如果说到汉字的特点与特色，一言以蔽之，就是美。汉字的“美”包含了使汉字得以产生与发展的客观环境的美——有物质的美、精神的美、逻辑的美还有大自然的美。汉字的“美”也反映在汉字自身的构成与形态上。造字方法的精巧，文字姿态的曼妙，都令人赞叹不已。

汉字的“美”有其历史过程。如以甲骨文的产生为起点，汉字至少已有三千多年的历史。何况甲骨文其实还不能算是汉字的最早形态。然而，即便在甲骨文与早期金文中，我们已经可以领略其古朴与端庄，还可以理解通过其字形背后的古代社会的历史、文化与生活现象，乃至我们祖先的造字的智慧——这一切，都是美不胜收的。

今天我们使用的现代汉字，已经是几经变化的形体，多少已失去了它们的早期风貌，也不易推断出他们造字的依据。学者们的不懈努力，使我们逐步深入了解了古代汉字的来龙去脉，并进而通过古代文字的研究去搜寻我们祖先的生活状况及他们的精神风貌。可以说，从汉字看历史，又从历史来追溯汉字的渊源，既是一个科学研究的过程，又是一个欣赏文字美的过程。

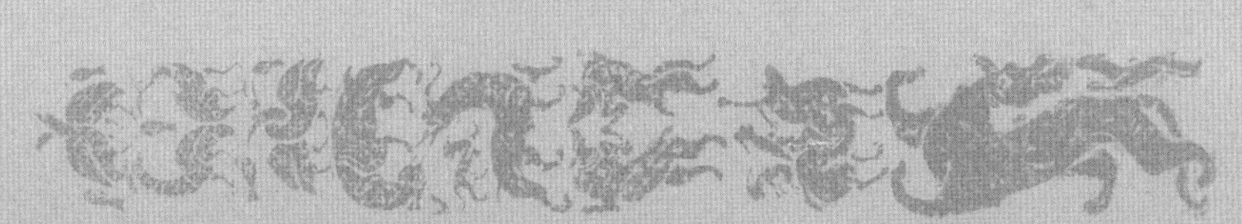

必须说明的是，这套书是在参考古今许多文字学及相关学科专家的研究成果基础上写出的。限于丛书的体例，行文中引用或述及文字学专家或其他领域专家的观点与成果，一般不专门写出或注出他们的名字及这些著作的名称。在此，向这些专家致以衷心的谢忱。

美是需要去发现的。由于我们见惯并用惯了汉字，才使我们习以为常地不去注意其内部蕴藏着的美。这套丛书，就是鉴于此种情形策划设计的。从文字与文字相关的角度——语言、历史、文化、考古、文学等多个方面，全方位地挖掘并向读者展示汉字的美，是本丛书作者的美好愿望。如果读者随着我们的笔，在弄清一个个古文字的同时，进一步了解它们折射出来的中国古代社会历史与文化的方方面面，以及我们的祖先的思维特点与心路历程，这将是何等快意的事！

2012年7月写于华东师范大学中国文字研究与应用中心

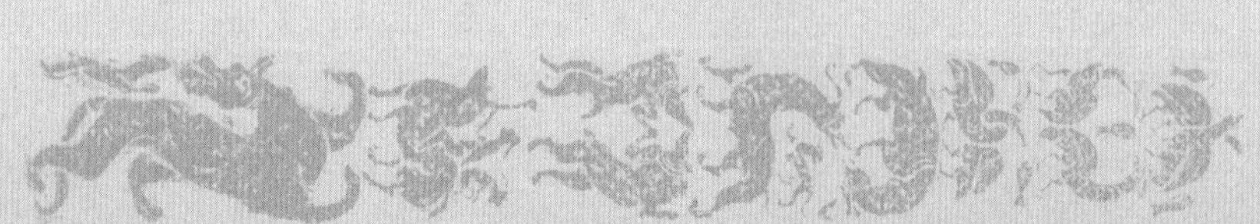

目录

肆 礼制建筑

伍 建筑构件

一般建筑

【皓月掩兰“室”】

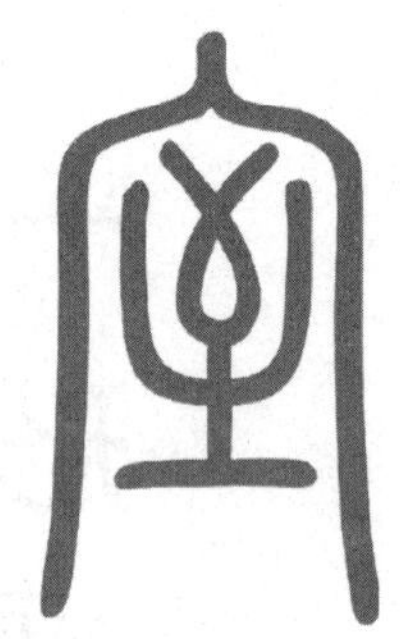

房屋建筑古称“宫室”，是一种供人居住和使用的空间，是人们利用自己所掌握的物质技术手段所创造的人工环境。为了实现宫室之梦，从距今7千年前新石器时代北方的地穴式半地穴室建筑、南方的干栏式建筑，到4千年前郑州二里头的夏代宫殿式建筑，中华民族曾经历了几千年的沐风栉雨，艰难探索；从甲骨文中的祭祀之“室”，及“安”字中的痴情寄托，到唐代诗圣杜甫“安得广厦千万间，大庇天下寒士俱欢颜”的感慨呐喊，无不凸显出国人对于栖身环境的梦牵魂绕，孜孜追求。

传统文化里“宫、室”是一对同义词。《尔雅·释宫》：“宫谓之室，室谓之宫”。但这是就其物质属性与使用功能所作出的一般性判断。如区别而言，宫是整座房子的总称，室是其中的一个居住单元。《说文》：“室，实也。从门，从至。”甲骨文作，小篆作。以“实”释“室”，采用的是传统的声训法。

实、室音近而意义相通。段玉裁《说文解字注》:“古者前堂后室。《释名》曰:‘室,实也,人物实满其中也。’”步入古人的宫,前面是堂,不用于寝卧;而室是内室,人进入内室就可以歇息,安居也从而实现。因此,“室”是人们理想的栖息之所。《易·系辞》:“上古穴居而野处,后世圣人易之以宫室。”可见室的产生,既是人们梦寐以求的主观需要,也是时代进步、历史发展的必然产物。室,古音“书母质韵”,是一个入声字。今江淮话、吴语、粤语、客家话中仍读为入声。

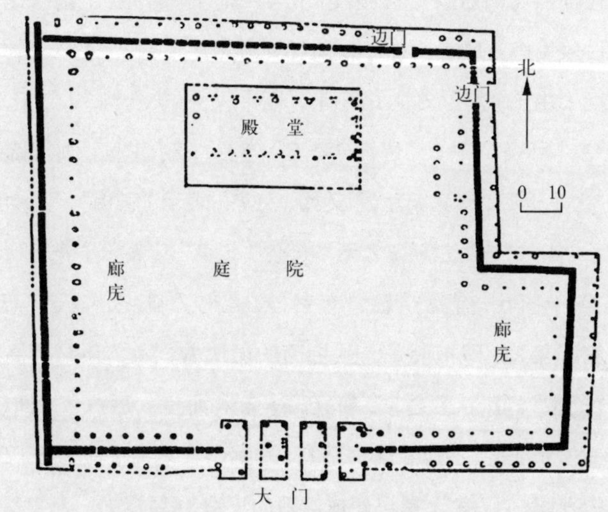

二里头一号宫殿遗址平面图
引自《文物鉴赏与收藏》,黄尚明编著,华中师范大学出版社,2010年。

其实,室的含义也经历过变迁。夏代二里头文化的宫殿遗址,位于河南偃师县二里头村。其一号宫殿基址,是一座面阔八间、进深三间的四阿重檐式殿堂。其堂室的划分后人已不能确知,但规模宏大,令人叹止。到殷商时代,甲骨卜辞中“室”字已相当常见。特别之处在于卜辞中的“室”不像周代之后那样表示宫室或居室，而是祭祀之所的专名。诸如大室、中室、南室、东室、盟室、司（祠）室、文室、新室等（赵诚《甲骨文分类读本》，中华书局）。例如：“乙酉卜，兄贞，今夕告于南室。”意指今夜在南室举行告祭。室之所以成为殷商祭所之称，应当与当时生产力水平低下、统治者入迷于鬼神庇佑的社会背景有关。到了周代，“室”或单用，或与“宫”、“堂”联袂，固化为房屋或居室的专名。如《诗经·小雅·斯干》：“似续妣祖，筑室为堵。”一堵即一面墙，这里代表一间房。当时的贵族为了继承和拓展先祖的基业，竟新建宫室百间之多。《诗经·大雅·绵》：“曰止曰时，筑室于兹。”周族的先祖古公亶父迁都于岐，通过占卜，得到“止”、“时”等吉兆，于是修建宫室，并定都于此。后世盖房看风水、卜吉凶之俗，盖由此开其端。

由“房屋”义生发开来，“室”又引申出与“人”相关的意义。上古的“室”可表“家庭”，因而“家室”连言，表示家庭。如《诗经·周南·桃夭》：“之子于归，宜其家室。”又如“室老”表示“家相”，即家臣之长。“室族”，表示“家族”。“室祭”，表示“家祭”。“室”又表示“妻子”。《礼记·曲礼上》：“三十曰壮，有室。”注：“有室，有妻也。”疏：“壮有妻，妻居室中，故呼妻为室。”妻室，即指妻子。从更高的层次看，“室”还与最高统治者相联系。如“王室”，指帝王之家、朝廷，对诸侯而言。后来又用以泛指国家。如《尚书·胤征》：“尔众士同力王室，尚弼予钦承天子威命。”又如“皇室”，指帝王的家庭。“汉室”，指汉朝或汉朝的王室。《后汉书·邓皇后纪》：“永安汉室，绥靖四海。”

室既是人的安居之所，又是人的精神港湾。人们操劳了一天，回家入室之时，顿时有一种温馨舒适的感觉。这一点，古人与今人也是相通的。让我们看看唐代诗人的感受吧。韦渠牟《步虚词》：“一室心偏静，三天夜正春。”写出了诗人身居室中的恬静与安适。王湾《观搊筝》：“虚室有秦筝，筝新月复清。弦多弄委曲，柱促语分明。”刻画出诗人室中弹筝的快乐与精神愉悦。沈佺期《古别离》:“皓月掩兰室，光风虚蕙楼。”皓月当空，映照着兰室，清风吹拂，溢满了蕙楼，静动映衬，如梦如幻，令人遐思神往。唐诗中描写到的室还有：青室（曹唐《小游仙》），斋室（韦渠牟《步虚词》），虚室（王勃《送李主簿》），野室（王勃《山扉野坐》），岫室（王勃《秋日仙游观赠道士》），石室（张嫔《送南海僧游蜀》），禅室（僧灵一《题东兰若》），玉室（张绍《冲佑观》），真是品类众多，异彩纷呈。

同居一室，或为夫妻，或为家人，或为主宾、同僚，不一而足。要而言之，应是关系密切的人。如妻妾古称“室人”。《孔丛子·记义》:“公父文伯死，室人有从死者。”妻妾因丈夫去世而成为殉葬者，是古代一种极端残忍的恶俗。又如南朝梁江淹《江文通集》卷四有《悼室人诗》十首，都是悼念亡妻的诗作，诗中洋溢着凄婉哀痛之情。古代妻妾因居住环境不同，从而获得不同的称谓。如原配夫人即嫡妻居住在室，除称“室”、“妻室”外，又称“正室”。宋张齐贤《洛阳缙绅旧闻记》:“数岁，张之正室亡，遂以士子之妻为正室。”正室，又叫“正房”。妻子死了，娶了后配夫人，叫“继室”（汉代之后）、“继配”、“填房”。由于庶妻都住在室旁的房里，故称庶妻为“侧室”、“偏室”或“偏房”。侧室，见《汉书·西南夷传》。丈夫的姐妹和妯娌也称“室人”。《礼记·昏义》:“妇顺者，顺于舅姑，和于室人。”注：“室人，谓女妐、女叔、诸妇也。”“室人”也指一家的人。《诗经·邶风·北门》:“我入自外，室人交徧摧我。”一家人之间也会因不睦而争斗，这就是同室操戈、兄弟阋于墙了。相反，非一家人也能友好相处，同居一室，则称“室友”。人们称良好的环境为“芝兰之室”，古有“与善人居，如入芝兰之室”之说。

实际生活中的“室”也是五花八门。如学校里开展教学的房间是教室，学生或职工的集体宿舍是寝室。储存物资的房间叫储藏室，全部或一部分建筑在地下的房间（多为多层建筑的最下一层）叫地下室。教育管理机构和学校中研究教学问题的组织，有“教研室”。对犯错误的人进行处罚，关在屋子里让其反省，此屋为“禁闭室”。进行科学实验的处所叫“实验室”。人们在教育青少年时常说：“要经风雨，见世面，不要做温室里的花朵。”温室，一般指安装有玻璃窗的大房间，利用日光照射、人工加温等办法对不耐寒的花木、蔬菜等进行冬季培育。这里是一个借喻的说法。

【高“堂”静秋日】

我们常赞美一个人，说他仪表堂堂。堂本是一种建筑，和人的形象大相径庭，但细想，当你站在堂前，堂的高大和人的威仪一样，动人心魄，此时的堂，何止只是一个静态的建筑。《说文》：“堂，殿也。从土，尚声。古文堂。坣，籀文堂，𩫖从高省。”这是说，古代的堂指的是有屋基的正室。《急就篇》颜注也说：“凡正室之有基者则谓之堂。”堂，又称“明堂”，详见《淮南子·本经》“明堂之制”注。《史记·封禅书》：“宗祀文王于明堂，以配上帝。”古乐府《木兰诗》：“归来见天子，天子坐明堂。”明堂本是古代帝王祭拜神灵之所，后来又衍生出许多礼制功能。《木兰诗》中的明堂似指朝堂而言。明堂在建制上多采用方形构图，整体上圆下方，划分为九室。如东汉洛阳明堂、唐代明堂均如此。上圆代表天，下方代表地；九室，是效法天分九野、地分九州。这都是古人崇尚天地的直接表现。

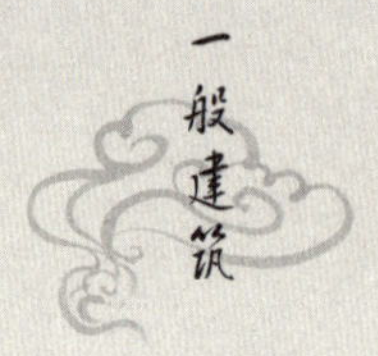

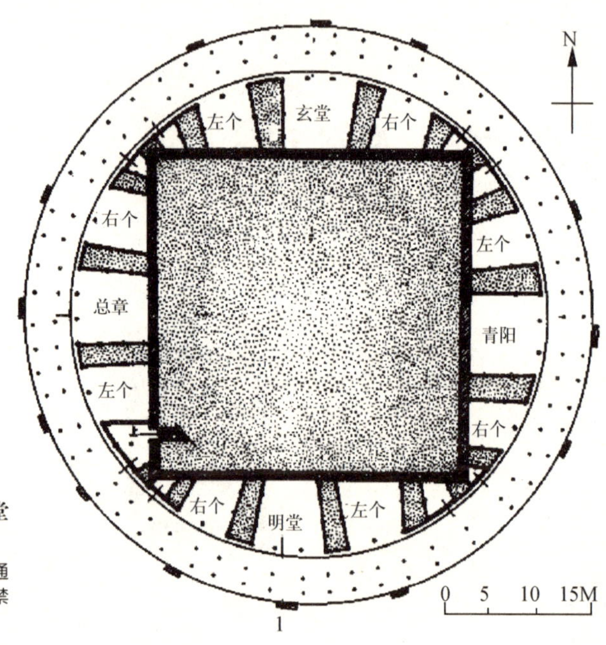

河南洛阳北魏明堂复原首层平面图

引自《宫殿考古通论》，杨鸿勋著，紫禁城出版社，2009年。

堂坐落在台基上，前面设东、西阶分别供主人和宾客升降出入。堂上座位，以坐北朝南为最尊，故古书中有尊贵者“南面”之说，后引申泛指帝王或大臣的治理。但室内的尊卑则有不同。以史上著名的鸿门宴为例。堂室内的座次安排，尊卑秩序井然，从一个侧面显露了等级社会的霸气和威严。

古代中国人尽管不在堂上寝卧，但人与堂的亲近度丝毫也不逊色于人与室。由于人们在堂所处位置和活动方式的不同，因而积淀成俗，并由此衍生出不少相关的称谓语。如“高堂”。古代家庭中父母的居室一般称堂屋，处于全家中央的位置，因而子女常借用“高堂”指父母居住处或代称父母，以示尊重。如李白《送张秀才从军》诗：“抱剑辞高堂，将投霍将军。”民间婚俗，主持人朗声高叫“一拜天地，二拜高堂”，高堂即父母。再如“堂客”，本指堂上客人，明清后转指妇女，也专指妻子。《儒林外史》二七回：“仍就叫我家堂客送与他。”如今湖南、重庆、湖北武汉等地方言中，堂客即指妻子。周立波《山乡巨变》中“堂客”一语常见。因为“堂客”指“堂屋里的客人”，而堂屋是供奉祖宗牌位、家人议事做决定的地方，所以堂客在家里地位并不低。

历史上的名门望族大多有本家族的堂号。高大宽敞的厅堂上，悬挂着堂号的匾额，遇喜庆节日还要悬挂写有堂号的大红灯笼。堂号或以地域命名，如陈氏颍川堂，徐氏东海堂。或以传统伦理规范命名，如张氏百忍堂，任氏五知堂。或以祖上情操雅量命名，如陶渊明自号五柳先生，后人建五柳堂；李白自号青莲居士，后人建青莲堂。堂号是家族文化的重要组成部分，目的是彰扬祖先功德，勉励子弟继承发扬先祖余烈。

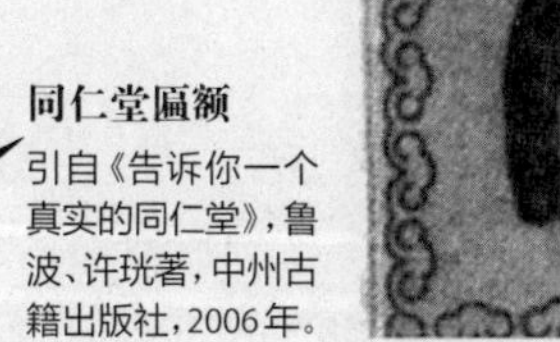

同仁堂匾额
引自《告诉你一个真实的同仁堂》，鲁波、许珧著，中州古籍出版社，2006年。

堂因形制各异，作用不一，在传世文献与诗文中形成了许多不同名称，如庙堂、朝堂、厅堂、会堂、讲堂、草堂、玉堂、华堂、画堂等，门类繁多，不一而足。例如“庙堂”，指宫廷。见范仲淹《岳阳楼记》。厅堂，指聚会或招待客人用的大房间。用于聚会活动的还有“会堂”、“食堂”、“学堂”、“课堂”、“澡堂”等，“堂”所指的都是大的处所、房间。一些著名的中药店也喜采用“堂”字，如同仁堂、百草堂、合顺堂，都给人以历史悠久、底蕴丰厚、顾客盈门的想象空间和祛

疾期待。室名也称“堂”。如明末文艺批评家金圣叹住所为“唱经堂”。清初散文家侯方域，早年行为放诞，三十岁后幡然悔悟，发愤著述，题室名为“壮悔堂”，成《壮悔堂文集》十卷。清人臧庸的厅堂名“拜经堂”。因南齐臧荣绪常在孔子生日时陈列五经祭拜，臧庸追慕前贤，也于每年除夕陈列经书而拜。庸取字“拜经”，著《拜经日记》、《拜经堂丛书》，可见其对五经之痴迷。

中山堂
引自《苏州玄妙观》，董寿祺、薄建华编著，中国旅游出版社，2005年。

国人常说的“天堂”，一是比喻幸福美好的生活环境，二是宗教中指人死后灵魂居住的美好场域。民间流行的说法是“上有天堂，下有苏杭”。其实早在北宋年间，汴京（今河南开封）就流行过“苏杭百事繁度，地下天宫”的民谚。后来，田园诗人范成大隐居于故乡苏州石湖。他编著《吴郡志》，收录苏州民谚，内有“天上天堂，地下苏杭”之句。到元代，奥敦周卿又将谚语作了调整，写作《蟾宫曲》：“春暖花香，岁稔时康，真乃上有天堂，下有苏杭。”这则谚语才算正式定型。

与“堂”相关的词很多，如：高堂，本义指高大的房屋。王缙《古别离》：“高堂静秋日，罗衣飘暮风。”呈现出一幅落日秋风中情人堂前别离的凄婉图景。草堂，旧时文人避世隐居，常称其所居为“草堂”。如南齐周颙隐居于钟山时，仿照蜀地草堂寺筑室，称为“草堂”。见《文选》南齐孔稚珪《北山移文》。唐人杜甫有浣花草堂，白居易有庐山草堂等。白玉堂，以白玉形容堂室的豪华典雅，用以指官吏邸宅。《古乐府》：“黄金为君门，白玉为君堂。”又指官署。也省称为“玉堂”。华堂，形容居室的华美。李颀《缓歌行》：“业就功成见明主，击钟鼎食坐华堂。”画堂指有装饰图案的居所。戎昱《古意》诗：“懒梳明镜下，羞到画堂前。”

观看清代历史剧，常可听到“中堂大人”这种称呼。其来历是：清代“大学士”原本是空名。后来，朝廷为了满足大学士对权力的要求，往往让其掌管一个部。清代的京官，一般有一满、一汉。就座时，分东西而坐，当中是空的。如有管部大学士，他坐在正中，两旁由满汉尚书陪坐。因此，大学士便被称为“中堂”。

我国称“堂”的著名建筑，风格各异，特色鲜明，使人印象深刻。北京怀仁堂，建于清光绪年间，为慈禧日常起居处，后取代“养心殿”，成为王朝实际权力中心。颐和园玉澜堂，是一座三合院式建筑。正殿坐北朝南，东配殿霞芬室，西配殿藕香榭。本是乾隆皇帝一座书堂，后用于召见大臣。御案后紫檀屏风。宝座、御案、香几等均为名贵浅色沉香木和深色紫檀木制成。坐落于四川成都浣花溪畔的杜甫草堂，是杜甫流寓时的故居。他在此寓居四年，留下240余首诗篇。后经五代前蜀诗人韦庄等重结茅屋，演变成一处建筑古朴典雅，园林清幽秀丽的文化胜地。扬州“平山堂”，宋庆历八年（1048）太守欧阳修所建。登临此堂，举目瞩望，则江南诸峰如同聚于堂下栏前，似可攀跻而上，因而称为“平山堂”。门前有一联将景物概括殆尽：“晓起凭栏，六代青山都到眼；晚来把酒，二分明月正当头。”欧阳修常来此堂宴请宾客，并以“风流太守”自许。其词作《朝中措》说：“平山阑槛倚晴空，山色有无中；手种堂前垂柳，别来几度春风。”虽短短四句，却刻画出了平山堂的风光无限与作者的闲适惬意，读来令人遐思神往。

【禅“房”花木深】

楼房林立，随处可见；闹市喧嚣，书房唯静。作为安身之处与心灵休憩的港湾，房，无论在古人的生活中还是今人的生活中均扮演着重要的角色。无论作为一个字，抑或作为一个语词，“房”均有悠久丰富的历史。

“房”小篆作房，《说文》说解为“室在旁者也。从户，方声”。“房”是一个形声字，义符“户”小篆作户，指单扇的门或“小门”，声符“方”古音与“旁（傍）”相近，据此王力先生《同源字典》将旁（傍）、房列为同源词。从义符与声符也可以推知，“房”在古代所指与今人的理解有所差别，如今房、房子、房屋等在人们的心理认知中已是民居建筑的统称，而古义则只是整体建筑的一小部分。对这一小部分建筑的规格与建构，也有数种说解。桂馥《说文解字义证》:“古者宫室之制，前堂后室；前堂之两头有夹室，后室之两旁有东西房。”段玉裁说:“凡堂之内，中为正室，左右为房，所谓东西房也。”还有学者认为:“房是方形城邑正大门左右两边的门卫室。”其中桂馥的说法受到普遍认可。《左传·宣公十七年》有一个有名的故事:晋景公派遣郤克出使齐国,齐顷公故意戏弄他身残,安排母亲在帷帐偷窥,当郤克一拐一瘸地登阶前来,“有妇人笑于房。”这里所说的房,从其可以直接观察堂阶的情况看,似乎段玉裁的说法更合情理。宋人高承《事物纪原》:“《苏鹗演义》曰:房,方也,室内之方正也。又房,防也,防风雨燥湿也。《说文》曰:房,室在旁者也。《尚书·顾命》有东房西房。《诗》:右招我由房。盖周制也。”他引用声训法对“房”的命名理据作了介绍,并对东房、西房结构源于周制作了推测。

时光荏苒。千百年来,房屋与时俱进,时常被变换、美化,以适应和满足人们的各种需要。名目繁多的房屋也应运而生。如“房头”指房间,正房两旁的房屋古称“厢房”,字本作“相”、“箱”。《史记·张苍传》附周昌:“吕后侧耳于东箱听。”不同用途的房有专门的称谓。如库房,又作“库室”、“库屋”,指储存财物的房屋,普通的民居称“住房”,官署称“房省”,专供寝卧之用的称“卧房”。由“卧房”衍生出“房卧”,指女子的嫁妆。某些商铺或服务业场所也称房,如药房、产房、客房、洗头房。从事某种职业的人也称“房”。如门房,传达室工友、保安,旧时称从事供应茶水等杂务工作的人为茶房,旧时企业单位中或财主家管理银钱货物出入的人员称账房。

形制各异、功用齐全的房屋,既满足了人们的生活之需,又给人们提供了美感享受,因此赢得了唐代诗人的热情讴歌。如曲房,深邃幽隐的密室。李颀《缓歌行》:“二八蛾眉梳堕马,美酒清歌曲房下。”曲房与美女、美酒、清歌相提并论,既表达了诗人独到的美感体悟,也揭示了作者对荣华高贵的人生追求。禅房,僧人的住所。常建《题破山寺后禅院》诗:“竹径通幽处,禅房花木深。”竹林中的小路通往禅寺后院静僻之处,禅房坐落在花丛树林中,幽静典雅。新房,本指新建的房屋。唐花蕊夫人徐氏《宫词》:“内人承宠赐新房,红纸泥窗绕画廊。”洋溢着“宠”的爱意，装饰温馨而精致。“新房”转指新婚夫妇的卧室。至于杜牧的《阿房宫赋》，自是文学史上的名篇。文章铺写了阿房宫的雄浑壮美，暗讽秦始皇穷奢极侈、劳民伤财，最终导致王朝覆亡。阿房宫，亦名阿城，依传统读音“阿房”为e-pang。其壮美早已被历史的长河涤荡为断壁残垣，近年西安仿建了阿房宫前殿、兰池、上林苑、祭天坛等，以微缩艺术形式再现了当年阿房宫的恢宏气势。

阿房宫

《刘邦与项羽：弱势掌控大智慧》杨凡用著，中国城市出版社，2007年。

房子作为居室，也与宗族、家族、妻室等称谓关系密切。如家庭的分支叫“房支”。《魏书·广扬王传》：“然其往世房支，留居京者得上品通官。”又如“大房”：唐代皇族及大官世系以房划分，用始祖的官名、爵名或封地名以称其房，长次之间有大房、二房、三房等分别。妻室也称房。如嫡妻为正房、长房，庶妻为二房、三房等。继室称“填房”。对别人谦称自己妻子为“房下”。称家属、家眷为“房累”等。封建时代，统治者为了享受糜烂生活，讲求房中术，分为运气、逆流、采战之类，省称“房术”。古代讲“昭穆”制，建宗庙时，始祖庙居中，以下父子交替，左为昭（父），右为穆（子）。习惯上左在东，因此人们产生了以东为上的习俗。如山西祁县一带，东厢房的屋脊要高于西厢房，东厢房的尺寸要略大于西厢房，东厢房的入口也要略大于西厢房。差别虽然只有几寸，但贯彻了这种建筑上的昭穆制，就可以区别父子、远近、长幼和亲疏。

房屋幽美、香气溢满者，当数“椒房”。椒房，汉代后妃在未央宫、长乐宫所住的宫殿，也称“椒室”。椒指花椒，用椒和泥涂壁，取其温暖、芳香，兼有多子之意。椒房既给后妃安排了温馨浪漫的憩息之所，又为她们繁衍后代延续王朝血脉提供了条件。班固《西都赋》：“后宫则有掖庭椒房，后妃之室。”李善引《三辅黄图》注：“长乐宫有椒房殿。”后代椒房也泛指后妃居住的宫室。《北史·周纪下·高祖武帝》：“椒房丹地，有众如云。”由房屋转指人，则称后妃为“椒房”。《后汉书·延笃传》：“大将军椒房外家。”《晋书·胡奋传》：“奋既旧臣，兼有椒房之助，甚见宠待。”唐诗中也多见“椒房”语，白居易《昭君怨》诗：“明妃风貌最娉婷，合在椒房应四星。”歌颂了昭君的美貌和华贵。骆宾王《帝京篇》：“桂殿嵚岑对玉楼，椒房窈窕连金屋”，写尽了椒房的幽深与宫室的华丽。

少女所居为闺房，原指内室、小室，后转用。这一类的词语还有：闺阁，闺室，红闺，璇闺，深闺，香闺，玉闺，兰闺，兰室，绣房，等等。这些词语，从不同视角表现了少女居室的幽静、隐秘和芳香，渗透了对于青春女性的欣赏和喜爱。

还有一个富有生活情趣的词语叫“洞房”。西晋文学家陆机在《君子有所思行》中吟咏道：“甲等高闼，洞房结阿阁。”北周庾信《三和咏舞诗》说：“洞房花烛明，舞馀双燕轻。”可见，“洞房”美称由来已久。洞房，指的是新婚夫妇的居室。相传远古时代陶唐氏巧遇鹿仙女，一见钟情，二人喜结良缘。他们在姑射仙洞完婚，一时祥云缭绕，百鸟和鸣。傍晚结鸾之时，一簇神火冲出洞顶，耀眼夺目。从此世间习俗遂将新婚居处称为洞房，新婚之夜则称作“洞房花烛夜”。旧时代民间流传“人间四大喜”:“久旱逢甘霖，他乡遇故知。洞房花烛夜，金榜题名时。”“洞房”一事便列入其中。

文士挚爱自己的书房。琴棋书画，著书立说，高雅的精神文化活动往往在“书房”展开，从而在这里营造出一种浓郁的文化氛围。唐代刘禹锡虽然书房简陋，但它“谈笑有鸿儒，往来无白丁。可以调素琴，阅金经。无丝竹之乱耳，无案牍之劳形。”(《陋室铭》)潜心阅读奏乐，远离尘世喧嚣，充分享受精神的愉悦，真是人生一大乐趣。文人雅士，为了营造幽静的环境，在书房的内部装饰上，往往采用碧纱橱、木槅、屏风、竹帘、帷幕等物，以增加其美感、静趣、风雅。文人书房的命名，也煞费苦心，精选角度，透露出房主的人生旨趣：如苏州私人园林中的书房，以山石花木为题者，有网师园殿香簃，“殿香”是芍药别名；以翠竹命名的曲园“小竹里馆”；以梅花命名的“沧浪亭”、“闻妙香室”等。或以文献名句命名，如耦园西花园书房“织帘老屋”。“织帘”典出《南齐书·沈驎士传》。沈氏家贫，但身居陋室，边织帘边诵经，手口并用。房主以“织帘”自况，凸显出顽强奋斗的人生态度。这些书房，设计精心，布局独特。或园中之园，或高阁回廊，石笋挺立，青藤蔓延。还设置屏风、古琴、棋盘、对联，愈益烘托得环境静谧，格调高远。

〖华“屋”重翠帏〗

家是人们心灵的港湾，而屋是人们身体的栖息之处。下班之后，挤公交、坐地铁，掠过车水马龙，为的就是能尽快到达属于自己的温暖小屋。因为只有在这里，才能真正放下满身疲惫，尽情享受一顿美美的家常便饭，一壶香醇四溢的绿茶，一首节奏欢快的歌曲。也因为只有在这里，才能装满父母的唠叨，妻儿的欢笑，还有我们所有的烦恼和骄傲。

屋，在《睡虎地秦简》中作，小篆字形与此类似，作。会意字。从尸，从至。令人困惑的是“尸”字，屋难道与尸体有关联吗？当然，这只是个误会。据《说文》，尸（小篆作）像人横卧的形象，代表房屋的主人。从至，表示人到此处，就可以休息了。合而表示房屋。另有一种解释是，尸（甲骨文作）本身像房屋，上面表示覆盖，旁边是墙壁。这都排除了尸表示“死尸”之义。上古时代屋作为居民建筑已经出现。《诗经·秦风·小戎》：“在其

板屋，乱我心曲。”丈夫坐车带兵征战去了，妻子惦记，写诗说：他住在木板筑造的小屋里，却让我心神不宁、放心不下。《左传·桓公二年》：“故昭令德以示子孙，是以清庙茅屋，大路越席……昭其俭也。”清庙即太庙，又称“明堂”、“太室”。这是说，清庙用茅草盖屋，国君的路车用蒲草之席做车垫，以崇尚节俭。屋还表示“覆盖”之义。茅屋，用茅草覆盖的房屋，瓦屋，则用瓦覆盖。屋，今音为wu，古音“影母屋韵”。郭锡良先生《汉字古音手册》拟音为ok，是一个入声字。现在除北方官话区外，江淮、吴语、粤语等仍保留入声读法。

宋人高承也曾探寻过“屋”的起源，他在《事物纪原》里说：“《释名》曰：‘屋，奥也。’《淮南子》曰：‘舜筑墙茨屋。’《新语》曰：‘尧舜之人，比屋可封’，以言民居也。《易》：‘上栋下宇。’盖其始也。”他的结论是：“其谓之屋，则自尧舜始矣。”其实，新石器时代我国古先民已创制自己的居室，北方为地穴、半地穴式建筑，南方为干栏式建筑。从这个角度看，高氏关于屋“自尧舜始”的推测应是相去不远矣。另外，“屋、幄”具有同源关系。王力先生《同源字典》指出：“‘屋’的本义是‘幄’，后来‘屋’指房屋，另造‘幄’字。”

在古人眼里，屋不仅给人提供了安宁的住所，而且形态多样，因而既具有实用性，又富于形态美。如深屋，深邃的屋宇。岑参《送王大昌龄赴江宁》表达了诗人对怀才不遇、遭受贬谪的友人真切的同情和诚挚的慰勉。“穷巷独闭门，寒灯静深屋。北风吹微雪，抱被肯同宿。”以上四句写王昌龄行前岑参邀其同宿，表现了二人间诚挚的友情。高屋，挺拔的房屋或建立在高处之屋。元稹《遣春十首》之六：“高屋童稚少，春来归燕多。”在高屋上往下倒水今人多少有点不解，但古人却认为，这表现了居高临下，气势如虹，因而形成了“高屋建瓴”的成语。华屋，指华美的屋宇，官员朝会议事的地方，《史记·平原君虞卿列传》：“歃血于华屋之下。”张籍《宛转行》：“华屋重翠帏，绮席雕象床。”最名贵的屋当数"黄金屋",指用黄金砌成的屋宇。李白《妾薄命》:"汉帝重阿娇,贮之黄金屋。"何希尧《海棠》诗:"谁家更有黄金屋,深锁东风贮阿娇?"这说的是《汉武故事》,小说讲述汉武帝幼年时曾说:"如果能娶到表妹陈阿娇做妻子,一定造一个金屋子给她住。"武帝即位,兑现承诺,立阿娇为皇后。这就是典故"金屋贮娇"或"金屋藏娇"。后遂用"藏娇、贮娇、阿娇贮金屋"等写娶娇妻美妾,极其宠爱。"黄金屋"又省称"金屋"。如刘禹锡《阿娇怨》:"望见葳蕤举翠华,试开金屋扫庭花。"黄金屋的名贵与奢华不仅吸引了人们的眼球,也催生了读书人的逐梦狂热,"书中自有黄金屋"成了许多人的一大人生信条,但也衍生出"范进中举"式的社会悲剧。

大叉手屋架

引自《中国进驻文化入门》,张超主编,北京工业大学出版社,2012年。

当然,由于我国封建社会存在着严格的等级制,因此建筑物屋顶也就产生了等级的差异。如屋顶的样式上,以重檐庑殿顶为最高级别。这种屋顶的前后左右都是斜坡,俗称"四大坡",用于皇宫、庙宇等主殿。其次是重檐歇山顶。这种屋顶有九条脊,所以又称"九脊殿"。再其次是重檐攒尖顶,常用于塔、亭、阁等。以下依次是单檐庑殿顶、单檐歇山顶、单檐攒尖顶、悬山顶、硬山顶等。在屋顶琉璃瓦的颜色上,明、清明文规定:只有皇帝的宫室、陵墓建筑及奉旨兴建的坛庙才能

准许使用黄色琉璃瓦。亲王、郡王等高级贵族住宅只能用绿色盖顶。蓝、紫(青)等色为官宦之家所用。连房屋的高度也是等级的象征。在一个村子里,有权势的人家与平民百姓住房的高低一望而知。一般住户房屋高度大致要相当,如果邻里间屋脊高度相差较大,就会产生妒忌心理,就可能引起争执,甚至发生械斗。

屋脊
引自《建筑摄影》,王全亨著,河南科学技术出版社,2001年。

中国人具有强烈的美的需求和独到的审美眼光。对于民居,不仅求其舒适耐用,而且求其美观幽雅。表现在对于屋顶的设计上,追求风格多样,异彩纷呈。木结构的建筑,因体型显得庞大,人们就把屋顶做成曲面形,屋檐的四个角都微微上翘。屋顶的起翘和出翘,形成似鸟翼伸展般的檐角和流畅优美的屋顶曲线,充满活力,柔和有韵律。将不同的屋顶形式分别安排在不同类型或等级的建筑中。屋脊上的构件则被加工成各种小兽,连一排排屋檐上的瓦头,都被刻上各式花草、禽兽,以增添房屋的审美情趣。房屋木结构的梁、枋出头,也精心地加工成蚂蚱头、菊花头等动植物或几何图形。在木结构的露明部分,为了防潮防蛀,人们也特意涂上油彩，从而创造出了中国建筑特有的彩画装饰。当人们住进这样的房屋建筑时，不仅安全舒适，而且悦目赏心，甚至会产生“爱屋及乌”的心理感受。

当然，屋式建筑也各式多样。由于生活条件各异，其建筑有华美、简陋之分。一般平民百姓通常居住条件较为简陋，甚至只能寄身于草房、茅屋之中。唐玄宗《早登太行山中言志》诗说：“野老茅为屋，樵人薜作裳。”避世隐居的人也喜欢住茅屋。就连大诗人杜甫因战乱避难成都时，也在浣花溪边，搭建了茅屋。他著名的《茅屋为秋风所破歌》道出了面对艰难处境的痛苦与无奈，因而他“安得广厦千万间”的呼喊更显得震撼人心。不过，由于各人所处环境不同，心情各异，同样是住在茅屋里，有的人却显得气闲神定，自得其乐。如王维《宿郑州》诗：“主人东皋上，时稼绕茅屋。虫思机杼休，雀喧禾黍熟。”岑参《寻巩县南李处士别业》诗：“先生近南郭，茅屋临东川。桑叶隐村户，芦花映钓船。”这些诗，情景交融，物我一体。静谧的外部环境，映衬出茅屋的自然质朴之美。

少数民族的房屋建筑有的很有特色，如彝族的瓦板屋就是一例。这是一种用土或竹笆做墙，双斜面人字顶的住房形式。其特点是屋顶以木板为瓦，上压石块构成。屋分里屋（哈苦）、正屋、外屋（呷叭）三间。彝族谚语说：“哈苦禁（外）人入，腰包禁（外）人摸。”里屋是居室和放置贵重物品之处，外人不可进入。正屋内设有火塘，是全家餐饮与待客之处。火塘内柴火长年不熄。严禁踩踏或从上面跨越。外屋是放置水缸、石磨等生产、生活用具的地方。屋室习俗表现了民族信仰与禁忌的古老传统。（参蒋蓝《凝固的华章》，中华工商联合出版社）

“白屋”是出自《汉书》的典故。卷七十八《萧望之传》：“今世见者皆先露索挟持，恐非周公相成王躬吐握之礼，致白屋之意。”唐颜师古注：“白屋，谓白盖之屋以茅覆之，贱人所居。”“白屋”原指贫士的居处，后来也表示出身平民。张九龄《伤王七秘书监寄呈扬州陆长史》诗：“白屋藩魏主，苍生期谢公。”

由“屋”组成的词语为数不少，它们多侧面地表现了屋的特点与作用。如

屋山，表示高的屋脊。宋范成大《石湖集·颜桥道中》："一段农家好风景，稻堆高出屋山头。"今徐淮一带方言仍有"屋山头"之说。屋的大梁称"屋脊"。《北齐书·王琳传》："所居屋脊，无故剥破。"大梁如屋的脊背，比喻形象传神。屋庑，指屋顶。屋头，指厕所。屋庐，指居室。屋翼，指屋檐两端翘起的挑角。古又称"荣"或"搏风"。屋漏，有两个含义：一是指屋子破败后的漏水之处。杜甫《茅屋为秋风所破歌》里就有"床头屋漏无干处，雨脚如麻未断绝"的描写。常言说"屋漏偏逢连阴雨"，那时的杜甫处境之困迫可以想见。"屋漏"另一个意义是"房子的西北角"。古人设床在屋子的北窗旁，因为西北角上开有天窗，阳光由此照射入室，因此比喻为屋漏。如《诗经·大雅·抑》："相在尔室，尚不愧于屋漏"。意思是：你检省一下，在屋里时应该不愧于屋中的鬼神。后来"屋漏"就引申为不欺暗室，严于自我检点之义。屋游，草名。即长在瓦屋上的青苔，又名瓦衣、瓦苔、瓦藓。长数寸的叫瓦松，味甘寒，可供药用。屋庐，居室的泛称。屋下架屋，比喻事物的重复。据《世说新语·文学》，晋人庾阐写成了《扬都赋》，庾亮夸赞说可以跟汉代张衡的《两都赋》、晋人左思的《三都赋》比美。于是人人争相抄写，京中纸价一时因之昂贵。此时谢安站出来说：《扬都赋》不过是模仿之作，并无新意，指出："此是屋下架屋耳。"

现实生活中"屋"是一个使用频率不低的词。如："他屋里屋外，忙来忙去"；"前屋后屋，找了个遍"。茅屋、草屋、瓦屋、堂屋，乡村居民，司空见惯。孩子在外边调皮玩耍，大人会喝斥他："光知道玩，回屋写字去！"苏南一带，称家为"屋里厢"，如"侬屋里厢五口人"，意即"我家五口人"。随着网络的普及，关于屋的昵称也应运而生。如：咖啡屋，爱读屋，动漫屋，发型屋，纸牌屋，软件屋，书友屋，等等。专门介绍发布各类最新免费资源信息的博客叫"免费屋"。有房屋不住人，以前叫"空屋"，现在认为不雅，改称"吉屋"，以讨个口彩，于是街头巷尾就出现了"吉屋出租"的小广告。

【书“斋”望晓开】

斋，繁体作齋，金文作[illegible]，小篆作[illegible]。《说文》：“斋，戒，洁也。”此处应读为“斋戒；洁也。从示，齐省声。”是一个形声字，从示，表示与祭祀活动有关。声符“齐”也具有一定的表意功能。《说文解字段注》：“戒洁也。祭统曰：斋之为言齐也。齐不齐以致齐者也。”《广韵》：“斋：洁也，亦庄也敬也。经典通用齐也。”先秦典籍中，斋、齐作为“敬义”解时可以通用。斋的本义是“祭祀前整洁身心，以示虔诚。”《吕氏春秋·正月纪》：“天子乃斋。”注：“《论语》曰：‘斋必变食，居必迁坐，自禋洁也。’”这是说，孔子在斋戒时一定要改变平常的饮食，居住也一定要搬移地方。具体说是不吃荤，不饮酒，沐浴别居，清心寡欲，可见孔子对斋戒虔诚严肃的态度。

斋的意义多与神佛相关。如：一、佛教以过午不食为斋，其后以施给道士僧尼的财物饭食为斋。《唐六典》记载：“凡国忌日，两京定大观寺各二，散

斋，诸道士、女道士及僧尼皆集于斋所。”二、供奉神佛的食品为斋，如：斋供。《广弘明集》：“寺塔宏壮，斋供充盈。”三、专指拜忏诵经、祈祷求福一类活动。如唐元稹《遣悲怀》诗：“今日俸钱过十万，与君营奠复营斋。”相关的活动也涉及帝王宫廷。如斋宫：帝王祭祀之所。斋坛：帝王祭天地之所。斋娘：为皇后办理祭祀事务的女官。斋仗：帝王斋阁备仪仗、侍卫的武士等。

说到与建筑有关的斋，指的是屋舍，多指书房、学舍。如斋屋，指房舍。《宋书·王延之传》说王延之清贫，屋宇穿漏，经禀告宋明帝，“帝即敕材官为起三间斋屋。”又称“斋舍”“斋房”。唐韦应物《郡中西斋》诗：“似与尘境绝，萧条斋舍秋。”这一类房屋既与“斋”字相连，自然也就获得了一种“清幽洁净”的内在含义。在我国传统文化里，学校、书房都是典籍、文化的承载传播之所，因而书房或曰书斋、学舍或曰东斋，都是远离尘嚣、清雅洁净的高尚建筑物。至于“斋”的起源，宋人高承《事物纪原》作过推测，他说：“汉宣帝斋居决事，此斋名之起也。晋太原中，陈郡尹府君引水入城穿池，殷仲堪于此池北立小舍读书，百姓呼为读书斋。则斋之始，疑自此。”

在建筑格局上，斋不拘一格，各尽所宜。有的斋是一座完整的园林，如北京北海公园的静心斋，处于太液池北岸，原名镜清斋，建于清乾隆二十三年(1758)。正门与琼华岛隔水相望，沁泉廊、抱素书屋、枕峦亭等各具特色，为其主要建筑。院内多处设置太湖石山景，叠石玲珑有致，与楼台亭阁交相辉映，景色宜人。通过透空花墙，斋内花木扶疏，亭台掩映，尽入眼中，其设计可谓独具匠心，有“园中之园”美称。又如太液池东岸的“画舫斋”，原为皇帝行宫。春雨林塘殿回廊四周环绕，建筑典雅精巧。这类斋房，山水花木、亭榭楼台无不具备。如《红楼梦》中探春所居的秋爽斋，庭园、厅堂、书房、卧室、亭廊等一应俱全。

有的斋房可以是一个小庭院。如苏州网师园中的殿春簃及其小院，原先称书斋，其间有广庭小亭、玉峰青泉。这里遍植芍药，取“尚留芍药殿春风”之义。其复制品20世纪80年代在纽约展出后，网师园更是名扬天下。此间还有“集虚斋”。“集虚”二字出自《庄子·人间世》：“气也者，虚而待物者也。惟道集虚，虚者，心斋也。”庄子认为，意志的动力是气，人必须用专一的意志，排除感觉经验与理性思维，才能获取真知。道家哲学的玄虚与幽深，更给集虚斋增添了几分神秘诱人的色彩。

更多的斋房是单幢小屋。如北京颐和园的圆朗斋、眺远斋，半亩园的退思斋等。乾隆年间始建的圆朗斋，1860年被英法联军焚毁，光绪年间重修。“圆朗”是“圣仁明智”之义。眺远斋俗称“看会楼”，是专为慈禧太后观望北墙外景致所建。屹立于高台之上，北望视野开阔，不负“眺远”之名。此外，文人的书房也常冠以“斋”名。如清代著名金石学家翁方纲崇尚宋诗，受江西诗派影响很深，对苏轼尤为崇拜。他早年得到过宋版施顾注苏轼诗，极为珍视，因而把自己的室名改为“宝苏斋”，撰写了《苏诗补注》八卷。

荣宝斋

引自《话说北京》，李永梅主编，天津古籍出版社，2008年。

此外，也有商店称之为“斋”的，如北京的文物商店荣宝斋、苏州的食品商店采芝斋等都享誉全国。“在二三十年代的古城湘潭，有一家专卖雪花膏、香水、胭脂、香粉的店子，名叫‘清芝斋’。这家店子素洁芬芳，以斋名之，不无道理。城中清末还有一家专卖素菜素食的馆子，是一些礼佛忌荤的人爱去的地方，名曰‘素心斋’。”(聂鑫森《触摸古建筑》)足见店小而清雅，也能夺人眼球。

传统园林中的斋室，通常处于园之一隅，取其静谧安适。斋前置庭稍阔，以利栽草木，列盆景。墙角道旁植花草，令其繁茂青葱。潮湿的地面适宜苔藓生长，从而营造“苔痕上阶绿，草色入帘青”的意境。建筑形式不拘一格，室内明亮但不过于敞旷。总之，园林之斋以其幽邃僻静的环境，使游观者“气藏致敛”，“肃然斋敬”。

“斋”的重要性在汉语词语中也得到充分体现。一类与祭祀活动有关。如：斋舍，指用作祭祀的房屋。《汉书·酷吏传》：“田延年即闭阁，独居斋舍。”斋宫，帝王斋戒的宫室。《国语·周语上》：“王即斋宫，百官御事，各即其斋三日。”斋郎，祭祀时执事的官员。魏始置，属太常。唐宋皆置。见《唐书·选举志》。斋舫，装载祭祀用品的船。《资治通鉴·梁纪》：“武帝天监六年，主者求坚船以为斋舫。”斋禁，斋戒的禁忌。《后汉书·儒林·周泽传》：“以妻干犯斋禁，遂收送。”斋坛，祭天之所。李贺《赠陈商》诗：“风雪值斋坛，墨组贯铜绶。”另一类则与书斋有关。如：斋阁，即书斋。《宋史·吕端传》：“端使高丽，暴风折樯，舟人怖恐，端读书若在斋阁时。”斋榜，书斋所张挂的题额。陆游《题吴参议达观堂》诗：“挥毫为君作斋榜，想见眼中馀子空。”斋长，书斋之长。《元史·许衡传》：“帝亲择蒙古子弟俾教之。衡喜曰‘此吾事也。’乃请征其弟子王梓、刘季伟文伴读，分处各斋以为斋长。”此外“斋舍”也有“书斋”义，如韦应物《郡中西斋》诗：“似与尘境绝，萧条斋舍秋。”

〖庭“院”深深〗

宋代著名文学家欧阳修《蝶恋花》词：“庭院深深深几许？杨柳堆烟，帘幕无重数……泪眼问花花不语，乱红飞过秋千去。”自李清照以来，历代文人对这首词一直给予很高的评价。烟雾笼罩着杨柳，深院里帘幕重重数不清。落花飘飞，勾人心弦。真正达到了情景交融、浑然一片的艺术境界。这里的庭院，指的就是院子或院落。院，常见义指房屋围墙以内的空地。如李白《之广陵宿常二南郭幽居》诗：“忘忧或假草，满院罗丛萱。”南唐李煜《捣练子令》：“深院静，小庭空，断续寒砧断续风。”

院的古义，指的是围墙。表示围墙，古时常用字有“垣”“寏”等。垣字从土，表明了围墙的质料；寏字从宀，表明它与房屋建筑相关。院是寏的异体字。《说文》“寏，周垣也”，并将“院”字附其后。小篆作。院字所从的左耳旁，是“阜”的后代变体。阜的本义是土山。土与房屋建筑有密切关系，如除（台阶），阶（台阶），际（两墙的交接处），等，都从“阜”。《玉篇》：“院，周垣也。”《睡虎地秦墓竹简·法律答问》：“巷相直为院，宇相直者不为院。”

古代官衙园林和私家园林多呈前庭后院样式。主体建筑为厅堂楼馆，如高大的门楼，用作办公的厅堂，草写文牍、诵读经籍的书房，礼仪交际用的会客厅等，充满了“治国齐家平天下”的庄肃气氛。而风景怡人的后院则隐藏其后，这里山石流泉，花草虫鱼，人们可在此吟诗弹琴，品茶休憩，一派世外桃源景象。建筑中这种庄肃与宽松的搭配，适应了士大夫的文化心理需求，使他们在繁忙紧张之余，获得一份心灵的慰藉、精神的调节。后院的宽松氛围，也使礼教的威严稍稍松弛，人性的自由得以抒发。在这里，家人享受亲情的温馨，朋友间借酒敞开心扉，富家小姐与落难公子私订终身，才子佳人在花前月下倾诉衷情。

四川出土东汉画像砖中的庭院图

引自《汉字中的古代建筑》，陈鹤岁著，百花文艺出版社，2005年。

院还表示“有墙垣围绕的宫室、房屋”。如：四合院，大杂院。《增韵》：“院，谓庭馆有垣墙者曰院。”《旧唐书·李愬传》:“唯愬六迁大镇,所处先人旧宅一院而已。”这个意义使用非常广泛,现实生活中的院,门类众多,试举几例。

四合院。北京及华北地区明清时期的四合院,可视为我国传统住房式样。有学者认为,四合院的布局,体现了宗法制度观念,严分内外,尊卑有序,自成一统。大四合院分前后两院,两院之间有中门相通。前院用作门房、客厅,后院则非请勿入。位于中轴线上的堂屋,格调华美醒目。小四合院只有前院无后院。长辈一般住正房,晚辈居住厢房。住宅四周,有房屋后墙及围墙作封闭,一般不对外开窗。男治外,女治内,男女之间不私自进入对方卧室。房屋建筑除贵族府第外,一般不使用琉璃瓦、朱红门墙和金色装饰。色彩以青灰为主。整座四合院前堂后寝,房院联合,结构方整,敞亮安谧,形成一个与外界隔离的小环境,保证了住宅的私密性,使用上也满足了传统社会男尊女卑、主仆有别的家庭伦理秩序的要求。

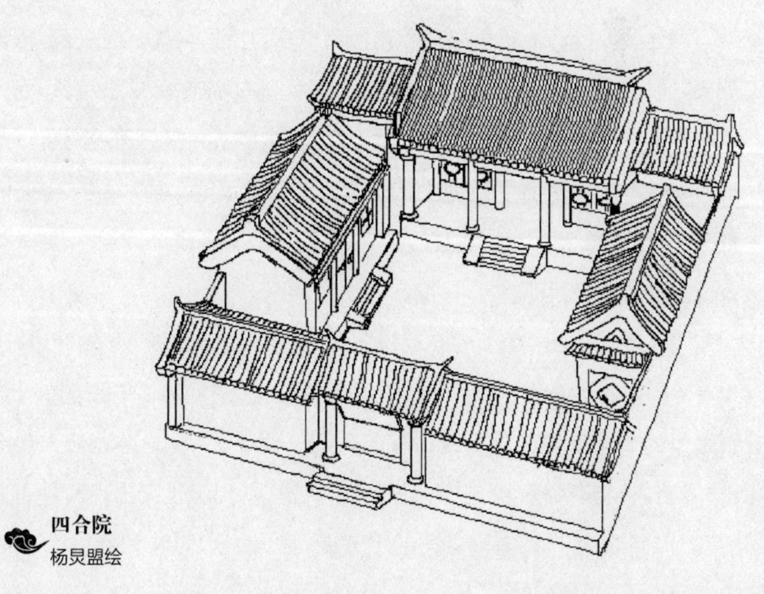

四合院
杨灵盟绘

三合院与三合头。三合院流行于京、津一带。清代康熙、雍正之后，由于商业兴盛，人口剧增，城内物价昂贵，故而出租房及一般住户多选用三合院作为住宅。三合院北、东、西三面建房，中间为庭院，门一般开在南面。三合头，流行于陕西关中、陕南等地。因三面有房，中间围成一个院落，故称。

天井式院落。长江中下游一带因气候炎热，人口密度大，其四合院房屋多设置为两层，中间设有天井。这样既保持了住宅内部环境的隐秘与安静，又能够节约用地。宅院正房多为三开间，一层中央为堂屋，用于聚会、待客、祭神拜祖。天井则起着住宅内部采光、通风、聚集和排泄雨水的作用。

台基式院落。流行于浙江、四川一带山区。根据地势做成高低错落的台状地基。多为穿斗式木结构。墙以砖、石、夯土、木板、竹笆做成。主要房屋仍具中轴线，但次要房屋与院落样式则不拘一格。房屋外墙采用白色，木构部分保持木料本色，或用黑色木柱、枣红色门窗。这与高低起伏的灰色屋顶相映衬，显得朴素而富有生气。

群体式院落。流行于福建西南部和广东、广西客家人居住区。因客家人历来习惯聚族而居，故而形成群体式院落。为防备外人械斗侵袭，因此建筑强调厚重牢固。夯土承重外墙厚达1米，下部多不开窗，形如堡垒。以方形、圆形为主。圆形平面直径可达70多米。外层或高达5层。底层一般作厨房、畜圈，二层储藏粮食，上两层住人。中心两环房中央建堂，以便于族人聚会议事或安排婚丧等活动。

用于文娱演出的场所叫“戏院”或“剧场”。戏院有一个发展过程，古代也有不少名称。东汉时洛阳城演出西域“百戏”的场地叫“平乐馆”，应是我国最早的一家戏院。隋炀帝每年正月初一到十五，召宣各地艺人到洛阳演出，命百官沿路搭棚，绵延十余里，称“戏场”。到唐代又出现一种可避风雨的戏台，叫“乐棚”。宋代戏剧艺术繁荣，汴梁（今开封）和临安（今杭州）出现许多大型戏院，叫“瓦肆”、“瓦舍”、“瓦子”和“勾栏”。瓦舍喻指来时瓦合、去时瓦解之意，易聚易散。勾栏是因为戏台周围装有若干木栏杆的缘故。元代也称勾栏，但增加了后台，叫“戏房”。清末戏院中已设楼座，并供应茶点，故又称为“茶园”或“茶楼”。

我国从唐代起设立书院，掌管刊辑经籍、搜求遗书、辨明典章，以备顾问应对。从贞元元年(785)起，李渤在庐山白鹿洞读书，后设“庐山国学”授徒，宋代改称为“白鹿洞书院”。从此书院就发展成官府或私人设立的供人读书、讲学的处所。宋代有白鹿、嵩阳、睢阳、岳麓四大书院。元代各路、州府皆设书院。明清时逐渐成为准备科举的场所。光绪二十七年(1901)随科举制废止而消亡。我国现存的著名书院有：庐山白鹿洞书院，宋代四大书院之一。由朱熹重建。长沙岳麓书院，宋代四大书院之一。朱熹、张栻曾在此讲学。河南商丘睢阳书院，宋代四大书院之一(一说是石鼓书院)。湖南衡阳石鼓书院。福建武夷山紫阳书院，朱熹曾在此讲学。由上可知，宋代大学者朱熹为我国书院的建设作出了极为突出的贡献。

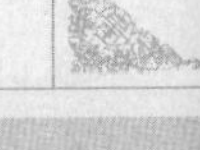

开“轩”纳微凉

在园林建筑中，轩是一种常见的形式。它建在风景优美、环境雅静之处，有着窗槛的长廊或小室，往往采用传统的书画、匾额或对联点缀，透出含蓄典雅的情致。因而身处轩中，或观物赏景，精神愉悦，或触景生情，感慨万千。难怪晋人陶渊明高吟“啸傲东轩下，聊复得此生”（《饮酒》），展示他豪放不羁的爽朗个性；唐代诗人杜甫一面有“开轩纳微凉，虚明见纤毫”的雅兴（《夏夜吟》），一面有“戎马关山北，凭轩涕泗流”（《登岳阳楼》）的感伤。表明诗人在孤苦老病的困境中，其忧时爱国的壮志犹存。

轩原先并不是一种建筑物，“从车，干声”的结构表明它的本义与车有关。小篆作軒。《说文》：“轩，曲辀藩车。”轩车前顶较高而有帷幕，外形华美，先秦时供卿大夫、诸侯夫人乘坐。《左传·闵公二年》记载，卫懿公好鹤，“鹤有乘轩者”。鹤都能乘坐大夫车，这下子可犯了众怒，因而后来当狄人入侵时，人们讥讽卫懿公说，“你让你的鹤大夫去迎敌吧！”后人遂用“乘轩鹤、轩鹤、卫轩”等语词喻指滥予官爵，无功受禄。因轩车具有前顶较高的特点，所以词义引申，轩可指车子前高后低的状态。《诗经·小雅·六月》：“戎马既安，如轻如轩。”这是说戎车状态良好，既可以向下俯，又可以向上仰，调动自如。从这些词义再引申，轩还可以表示更宽泛意义的“高”。如《文选·何晏·景福殿赋》：“飞櫚翼以轩翥，反宇钀以高骧。”轩翥，表示“飞举”的状态。又如，轩昂：峻高、扬起之貌。韩愈《听颖师弹琴》诗：“划然变轩昂，勇士赴敌场。”形容琴声的昂扬激切所产生的精神力量。成语有“气宇轩昂”，气宇指仪表和风度，轩昂，精神饱满的样子，合而形容精神昂扬，风度不凡。轩举：高举。庾信《周王宪神道碑》：“仪范清冷，风神轩举。”指人物精神高扬。轩翥：飞举貌。《楚辞·远游》：“鸾鸟轩翥而翔飞。”指鸾鸟高飞。上述双音词中的“轩”都含“高”义。成语“轩然大波”，本指高涌的波涛，比喻大的纠纷或风潮。又如，轩朗：轩敞，开朗。元欧阳玄《辟雍赋》：“若乃道阃邃严，义闼轩朗。”轩豁：开朗。唐韩愈《南海神庙碑》：“乾端坤倪，轩豁呈露。”上述双音词中的“轩”都含“敞朗”之义。

国人丰富的想象力与联想力，往往能引发并汇聚成巨大的创造力。对“高”与“敞”的追求转用于房屋建筑，轩就应运而生了。最初的轩指有窗的长廊，《文选·曹植《赠徐幹》诗》李善注：“轩，长廊之有窗也。”沈约《学省愁卧》诗：“愁人掩轩卧。”李善注：“轩，长廊也。”此外，长廊、长廊之窗、楼板等，也有称“轩”的。后来一般指建于高旷地段以敞朗为特点的房子叫轩。陶潜《饮酒》诗：“啸傲东轩下。”杜甫《夏夜叹》诗：“开轩纳微凉，虚明见纤毫。”所指都是这一类的建筑。古典园林中的轩主要具有两种类型：一是某种单体小型建筑。如上海豫园东院墙构筑壁山，山下绕以花墙，沿墙筑“静宜轩”。坐

在轩中，透过漏窗，则园外的借景隐约可见。这里取其“敞”义。河北保定有莲花池景区，东有“高芬轩”，临池而建，前后两间。外有平台突出其中，内有穿廊复道。无锡寄畅园的墨妙轩、苏州留园的闻木樨香轩，厅堂前部的顶棚以翼角、举折等构成了一种轻盈欲飞的迷人形象。

轩的另一种类型，在布置形式上“一是把廊子中段局部加宽加高，背景一面用墙或隔断封闭，可供起坐的空间；另一种是书房或客厅的前面敞廊适当加宽或抬高，可放置桌椅供人休息之地。”(庄裕光《古建春秋》) 这样做，自然扩大了居住的面积，体现了轩“敞”的特点。在增加厅堂进深的同时，还充分考虑其视觉美感，使轩的形式丰富多样，如船篷轩、鹤胫轩、菱角轩、弓形轩等，均有秀美谐雅的造型。

在苏州园林中，轩是一种常见的建筑形式。如狮子林中的指柏轩，有二层阁楼，登上阁楼，可以观览园中的奇峰古柏。这里为全园主景，放眼望去，峰峦起伏，峭拔挺立，“狮子峰”耸立其间，是为群峰之冠。拙政园是江南私家园林的代表，风光绮丽醉人。由荷花四面亭向南，可到倚玉轩，登见山楼，园中佳景可尽收眼底。此外，留园的闻木樨香轩、绿荫轩、揖峰轩，网师园的小山丛桂轩、看松读画轩，怡园的拜石轩、锄月轩等，都各具特色，引人入胜。

轩多为文人墨客的雅集之处，因而尽量创设儒雅闲静的人文环境，其中匾额、对联的悬设自然不可或缺。在江南名园苏州网师园“小山丛桂轩”、“看松陵画轩”，有清代著名书法家何绍基的两幅题联：“山势盘陀真是画，泉流宛委遂成书”、“满地绿荫飞燕子，一帘晴雪卷梅花”。在山东济南大明湖“名士轩”，有清人崇雨舲题写的对联：“杨柳春风，万里极乐；芙蕖明月，一片大明。”在北京颐和园“养云轩”，则是清帝乾隆的题联：“天外是银河，烟波宛转；云中开翠幄，喜雨霏微。”

养云轩

引自《园情墨趣》，白杨、如明著，中国铁道出版社，1998年。

轩也用作书斋、茶馆、饭店的字号。《后汉书·延笃传》写延笃“夕则消摇内阶，咏诗南轩。”南轩当为其书房名。唐李白《与韩荆州书》：“若赐观刍荛，请给纸墨，兼之书人，然后退扫闲轩，缮写誊上。”闲轩，所指亦当为书房。明代归有光有一间“项脊轩”的居室，著名的《项脊轩志》对其作了描述。山东东营有“第一轩”，是一家集收藏、展览、销售为一体的专业画廊。

轩还表示其他一些意义。《楚辞·招魂》：“高堂邃宇，槛层轩些。”轩指楼板。唐柳宗元《永州龙兴寺西记》：“山谷林麓甚众，于是凿西墉以为户，户之外为轩。”杜甫《丽人行》：“当轩下马入锦茵”，其中的“轩”指长廊或有窗的长廊。谢瞻《答灵运》诗：“开轩灭华烛，月露皓已盈。”李善注：“轩，窗也。”唐孟浩然《夏日南亭怀辛大》诗：“散发乘夕凉，开轩卧闲敞。”轩，所指亦为窗。应当指出，唐宋时代我国尚未出现成规模的轩室建筑，但名为“轩”的“长廊或有窗的长廊”以及名为“轩”的窗子已经涌现，似乎已为后世江南风格轩室建筑的问世创设了物质条件，作好了前期准备。

离宫别“馆”

走在大街上，各种形式的“馆”琳琅满目，吃的叫“餐馆”，住的叫“宾馆”，供参观的叫“博物馆”，供学习的叫“图书馆”，玩的有“水族馆”、“中国馆”等等。由此可见，我们的日常生活和学习都离不开“馆”了。

“馆”，在《汗简》中作“”，小篆作。《说文》：“馆，客舍也。从食，官声。”戴家祥认为，“官”为“馆”的本字。“官”从宀从𠂤，后世政务日繁，官署林立，治民之官多如牛毛，因此“官”字经常被用来表示从事政务之人。后来，为区别意义，在“官”字的基础加上“食”作为意符，专门用来表示馆舍之“馆”。“馆”字从“食”，意思是馆舍之设，不仅为宾客提供休息之处，还为宾客提供膳食之需。

关于“馆”从“食”的原因，我们还可以从文献中找到一些佐证。如《周礼·地官·遗人》中有记载：“五十里有市，市有馆，馆有积，以待朝聘之客。”

由于“馆有积”，即有聚积的粮草等，故形旁以“食”表其义。“馆”还有一个异体字形，作“舘”，形旁为“舍”，点明馆为住宿之处。形旁“食”、“舍”二字意义互补，吃、住都有了。古人造字，角度可谓独特。

《诗·郑风·缁衣》中有载：“适子之馆兮，还，予授子之粲兮。”古人尊贤好客，对来访的贤士不仅安排馆舍，供给衣食，还亲自拜望。馆即指客舍。《汉书·公孙弘传》：“起客馆，开东阁，以延贤人。”馆，也指客舍。后世私塾称为“蒙馆”，教书称为“就馆”，也取其延请宾客之义，因为那时的塾师被称为“西宾”或“西席”。至于书房名“馆”，也当由“学馆”之义引申而来。

官方设立的馆为迎宾馆。早在春秋时就有“诸侯馆”，战国时有“传舍”。《左传》：“襄公三十一年……筑诸侯之馆。”《战国策·魏策》：“今鼻之入秦之传舍。”西汉时在长安设“蛮夷邸”，为供使者、商人食宿之处。南北朝时有“四夷馆”，隋唐宋时有“四方馆”。明代在北京开设“会同馆”。据《燕都丛考》记载，宣统年间，清廷在北京东单石大人胡同建“迎宾馆”，明清王府格式，高高围墙之内，为西洋式楼舍，用来招待外宾。官方的迎宾馆规模相对较大。

“馆”的另一个意义是“非通途大道设置的驿站”，又称“驿馆”。唐李白《赠江夏韦太守良宰》诗：“徵乐昌乐馆，开筵列壶觞。”元王恽《仪封道中》诗：“驿馆残釭曙色分，马驮残梦走骎骎。”又称“馆驿”，指供邮传行旅食宿的旅舍驿站。唐元稹《长庆集·论传牒事》：“况丧柩私行，不合擅入馆驿停止。”

早期处于都城之外的苑囿馆舍被称为“离宫别馆”。汉司马相如《上林赋》：“离宫别馆，弥山跨谷。”晋潘岳《怀旧赋》：“今九载而来归，空馆闲无其人。”可见这种华丽的住宅古时相当多。到今天古典园林中“馆”的称谓也很多，并且没有固定形制可循。其所处位置一般较为显敞，主要作观览、眺望、起居之用。有些用作书房的馆，位置则较为幽僻。如苏州留园的五峰仙馆、林泉耆硕之馆，都是书房性质。北京圆明园有杏花春馆，是春天观赏杏花之所。颐和园的听鹂馆，是一座小戏楼及其附属建筑。扬州瘦西湖的流波华馆，是临水观舟之处。苏州拙政园的三十六鸳鸯馆、十八曼陀罗花馆则是一座厅堂。(参黄震宇等《古建园林赏析》，旅游教育出版社)

杏花春馆

引自《话说北京》，李永梅主编，天津古籍出版社，2008年。

馆在社会生活中具有多方面的功用，使用范围相当广泛。如旧时私塾称“蒙馆”、“教馆”，教书称“就馆”。馆也指“供客人饮食娱乐的场所”。如：茶馆，酒馆，饭馆，戏馆。馆也作官署名，如：大使馆，领事馆。《新唐书·百官志二》：“武德四年，置修文馆于门下省；九年，改曰弘文馆。”弘文馆置详正学士、讲经博士、校书等官。宋制以秘书郎掌昭文（即弘文）馆图籍，隶秘书监。明初也称弘文馆，后并入文渊阁。馆又指储藏、陈列文物或进行文化活动的公共场所。如：天文馆，博物馆，图书馆，展览馆，文化馆，体育馆等。

从辞书所收录的词语中，我们也能窥见一些与“馆”有关的历史事物。如，馆人：管理馆舍、接待宾客的人，见《国语·鲁语上》。馆客：门客，食客，见《魏书·崔亮传》。馆穀：本指在馆共同生活，引申指塾师授徒的收入。馆阁：前述唐宋官方掌图书、经籍、修史等机构的统称。馆阁之臣撰写的文章，文体典雅，书体工整，世称“馆阁体”。“馆”还可以做动词，表“住馆”之义。苏州市西南有灵岩山，其上有“馆娃宫”，为春秋时吴国宫殿名。“吴王夫差作宫于砚石山以馆西施”，吴人称美女为“娃”，故名馆娃宫。在《方言二》、晋左思《吴都赋》中都有记载。

还有一种会馆建筑值得一说。会馆实际上是地区和行业集团活动的公共场所。史载“会馆”之名始见于明代，但其渊源可溯及“邸舍”。邸舍是西汉首都长安城外地同郡人的客馆，后逐渐成为客商说合买卖、寓居和堆货的场所。唐代长安等大都邑市场上广设邸店。宋代又增设堆垛场和塌房。清末会馆又称为“公所”，成为行业公会之所在。(参夏林根《中国古建筑旅游》，山西教育出版社) 此外，会馆也是外埠人在本地住宿、交谊、聚会的场所。如北京有“湘西会馆”，著名作家沈从文自湘西进京，曾寓居于此，由会馆提供食宿，尽同乡之谊。郁达夫曾到“湘西会馆”探望了当时还是文学青年的沈从文，并给予他热情的帮助。

史料载，孙中山先生名字的由来也与一家旅“馆”有缘。1896年孙先生流亡日本，结识了日本友人宫崎滔天、平山周。二人为孙先生的热情、见识和抱负深深感动。他们来到“对鹤馆”旅馆，由平山代笔为之登记。因孙先生处于流亡中，不便公开姓名。平山执笔踌躇一番，忽然想起路经中山侯爵府时看到的匾额，就写下了“中山”(姓) 二字。孙先生又按日本习俗，在“中山”后添一“樵”(名) 字，笑着说：“我是中国的山樵。”一句话：孙先生“中山”之名，诞生于日本这家旅馆。

会馆随着明清工商业经济的发展而广泛兴建，其建筑艺术价值较高，尤其是建筑雕刻。国内现存较著名的会馆建筑，一是天津广东会馆，光绪三十三年兴建。呈南方风格，装修精美，木雕精湛。二是苏州全晋会馆，由清末山西旅苏商人集资建造。有鼓吹亭、戏楼等特色建筑。三是四川自贡西秦会馆，为陕西籍盐业商人集资修建。有厅堂、阁楼和廨房等构成多层次封闭式建筑。木雕遍及全馆，内容丰富，形象生动。四是河南社旗山陕会馆。均为乾隆年间山西、陕西商贾集资兴建。建筑充满晋、陕地方建筑风格与情趣。

生活在当今社会，“馆”与我们仍有千丝万缕的联系。如：外地朋友出差来此，我们会前往“旅馆”拜会探望，畅叙友情。为了更新知识，充实自我，我们会经常到“图书馆”借阅图书，查找资料。学生毕业，我们会请“照相馆”的职工为他们拍摄毕业合影。我们曾参观过市“博物馆”，了解本市的文化传统与历史沿革；我们也曾多次参观“展览馆”，开阔眼界，接受教育。许多方言称饭店为“饭馆”，每逢重大节日，或亲友来访，我们就会下“馆子”，开怀畅饮。“馆”与我们就这样结下了“不解之缘”。

结“庐”人境

庐在古诗文中频频出现，似乎那里是诗人心境的归属。因为在庐毫无修饰的形貌下，隐藏着一颗倔强的心。庐，小篆作。《说文》:“庐，寄也。秋冬去，春夏居。从广，盧声。”是一个形声字，从广（yan），表明与房屋建筑有关。意思是，庐是田野中可寄居的棚舍，秋季冬季离开不住，春季夏季居住。《诗经·小雅·信南山》:“中田有庐。”郑玄注:“中田，田中也。农人作庐焉，以便其田事。”看来，庐本来是农民建在野外便于从事农事活动的季节性房屋，后来其意义范围扩大，可以泛称居止之所。

此外，庐还具有以下意义：一、据《周礼·地官·遗人》记载，凡城郊之外，自近郊至于五百里之野的道路，每十里有“庐”，置备有炊食；三十里有“宿”，宿设有路室。这里的庐，指官方设在郊野接待宾客的房屋。或者说是一种官营性质的宾馆。春秋战国时期，养士之风盛行，各国君主为了罗致客

卿，开办了许多养士之庐。二、古代孝子居丧守墓期间临时住的房屋也叫“庐”，或叫“倚庐”。《荀子·礼论》说：“齐衰，苴杖，居庐，食粥，席薪，枕块，所以为至痛饰也。”大意是，居丧守墓期间，孝子要披麻衣，打小幡，住草屋，喝稀粥，睡苫席，枕土块，用极简陋艰苦的生活，以表达失去至亲的哀痛。

相关的词语有，庐舍：指简陋的小屋。它又包含几个意义。一是别室，或田野之室。二是倚庐，即建于墓侧的屋舍。《周礼·天官·宫正》：“大丧，则授庐舍。”注：“庐，倚庐也。舍，垩室也。亲者贵者倚庐，疏者贱者居垩室。”垩室，居丧者的住房用白土涂墙壁。三是官方设置在郊野接待宾客的房屋。四是军队临时的住所。《史记·项羽本纪》：“皆沈船，破釜甑，烧庐舍，持三日粮，以示士卒必死。”庐帐：指帐篷，帷幕做的房子，类似蒙古包。《后汉书·西域传·蒲类国》：“庐帐而居，逐水草，颇知田作。”穹庐：毡帐。《乐府诗集·敕勒川》：“敕勒川，阴山下，天似穹庐，笼罩四野。”它是北方游牧民族常见的住所。穹庐是圆形的，象征天圆地方。庐墓：依古礼，遇君父、尊长之丧，紧靠墓旁建小屋居住，称“庐墓”，见《周礼·天官》。据《史记·孔子世家》，孔子去世，学生非常哀痛，为之守心孝三年，然后相互揖别而去。“惟子贡庐于墓上，凡六年，然后去。”子贡为孔子竟守了六年心孝！学生对老师之丧尚且如此悲痛，何况子女对于父母？古书多有记载。《后汉书》中有韦彪因父母去世，大病一场，三年不出庐寝的记载。

简陋的庐，何止是村民居住。古代一些官场失意但不失操守的官吏、怀才不遇而富有正义感的文人，每当远离喧嚣、退隐江湖之后，也往往结庐而居，淡泊人生，以寻觅一份心底的宁静。例如晋代名士陶渊明，坚守“不为五斗米折腰”的高尚气节，41岁弃官归隐再不出仕。他“开荒南野际，守拙归园田”（《归园田居》）。他的名句“结庐在人境，而无车马喧”，表达了甘愿过田园生活也不向恶势力低头的坚强意志。他的住所“方宅十余亩，草屋八九间。榆柳荫后檐，桃李罗堂前。”看来还真是小有规模，环境雅静。后代的文士，慕陶潜之为人，遂竞起仿效，结庐而居。据《全唐诗》统计，全书共出现“结庐”一词27次，王绩、苏颋、张说、郑愔、包融等都使用过。其中王、张、郑等都有被贬谪的经历。结庐与否，难以详考。

庐山是我国著名的风景区。地处江西省北部九江市南，屹立于长江边，紧靠鄱阳湖。有“匡庐奇秀甲天下”之称。古称南障山，又名匡山或庐阜，总名匡庐。宋代大学者朱熹以为即《尚书·禹贡》所说的“敷浅原”。庐山何以以“庐”为名？这里有一个传说。相传周武王时，有匡俗兄弟七人，都精通道术。他们见此山环境幽美，就在此结庐而居，苦练道术，专精修炼，后来果然成仙而去。人飞升了，空庐尚存，于是庐山由此得名。另一个说法是：相传秦末有匡俗兄弟七人庐居于此山，因而得名。据《世说新语·规箴》“远公在庐山中”注及《庐山记》，匡俗本为百越之君，其父东野王曾助汉定天下，后阵亡。匡俗后被封为鄢阳男，印曰“庐君”。庐山90余峰，蜿蜒连接，以大汉阳峰为最高。据传夏禹王疏九江，秦始皇南巡，都登过庐山。东汉时庐山已成为我国佛教中心之一，有三大名寺、五大丛林和许多著名景观。如含鄱口东为五老峰，后山谷有青莲寺，相传为李白隐居之地。五老峰下有唐宋时期著名的白鹿洞书院。庐山北麓有东林寺，是我国佛教净土宗发源地。西北有牯岭，为避暑胜地。庐山三面临水，西临陆地，万壑千岩，云烟弥漫，人在山中，不易识其真貌。宋苏轼《题西林壁》诗：“横看成岭侧成峰，远近高低无一同。不识庐山真面目，只缘身在此山中。”“无一同”，或作“各不同”。“庐山真面目”后成为表示“事物真相”的词语。

既说到庐山，还应提一下“美庐”，庐山牯岭东谷长冲河有一座英国券廊式别墅。是英国医生赫莉的私人住宅，1934年赠予友人宋美龄。此后即作为蒋介石的夏都官邸、蒋宋二人住宅。因环境恬静美丽，又系宋美龄居所，因此蒋以“美庐”名之。其凉台为通透式，会客厅装饰典雅。从外观上看，绿门、绿窗、绿栏、绿柱、绿廊，衬托着周围的小桥流水和花木扶疏，确实给人以雅静安适的感觉。20世纪30—40年代这里曾策划和发生过不少政治事件。面对美庐，我们似乎感受到中国现代史曾经的风云变幻。

近现代的庐，早已不是古人所住的那种简陋的房屋，而演变成为一种园林式房屋庭院建筑。美庐如此，怡庐、匏庐亦如此。怡庐地处江苏扬州市嵇家湾，紧靠古运河畔，民国时期所建。庐内前后两个庭院，前院有游廊三折，花厅一座，西墙设有假山。后院有轩、精舍、天井、书斋，布局精心。扬州城内还有一座匏庐，也是一个小巧雅趣的建筑群落。其间回廊曲径，引人入胜，亭轩阁池，令人忘返，建筑美与自然美完全融为一体。

此外，庐还有几个意义值得一提。一是学舍，称"精庐"。见《后汉书·儒林传》。又称"精舍"。《后汉书·党锢传》说刘淑好学，明五经，后立精舍授徒，常有数百人；二是官员值班的住所。见《汉书·严助传》张晏注。又名"直庐"。晋陆机《赠尚书郎顾彦先》诗："朝游游层城，夕息旋直庐。"三是船上小屋。见《释名·释船》。

美庐

引自《夏都绘影：庐山的浮华往事》，姚雪雪著，江西人民出版社，2009年。

【连霏绕画“楼”】

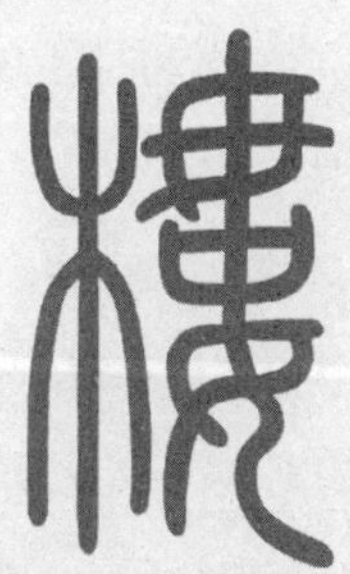

“白日依山尽，黄河入海流。欲穷千里目，更上一层楼。”每当重温唐代诗人王之涣的这首登楼名篇，总会升腾起对“高拔”、“广远”意境的想象与期待，诗的语言虽然朴素，但是表现出来的登高望远的磅礴气势却震撼人心，总能给人无限希望，让人企盼着更上层楼，实现梦中之旅。

古人常常通过登高望远来抒发自己的情怀，登楼便是其中一种。登楼远眺，难免触景生情。因而楼与人的情感思绪往往建立起某种联系。杜甫《登楼》诗：“花近高楼伤客心，万方多难此登临。”李益《上汝州郡楼》诗：“今日山川对垂泪，伤心不独为悲秋。”这些诗篇，感时伤事，寄托家国之思，身世之叹，抒发的是悲壮的爱国情怀。骆宾王《夕次蒲类津》诗：“灶火通军壁，烽烟上戍楼。”岑参《凉州馆中与诸判官夜集》诗：“花门楼前见秋草，岂能贫贱相看老。”一写慷慨临戎的壮伟情怀，一写掌握自己命运的豪迈感，都表现出奋发向上的人生态度。

那么楼在古代是什么意思呢，和今天的楼又有什么不同之处呢？首先我们从楼字的字形讲起。楼，甲骨文未见，小篆作樓。《说文》："楼，重屋也。从木，娄声。"从语源的角度看，从"娄（屡）"的字，往往隐含"多层次"义。如：屡，数，缕等。《集韵·遇韵》："屡，或作娄。"段玉裁《说文解字注》："娄，娄之义又为数也。……俗乃加尸旁为屡字。古有娄无屡也。"《汉书·严助传》："朝廷多事，娄举贤良文学之士。"颜师古注："娄，古屡字。"从词汇学来看，楼、屡、数、缕乃至篓、褛等字是一群同源词。从文字学来看，它们应都是它们共同的古"娄"字的今字。楼是"重屋"，"层"也是"重屋"，都表"多（层）"之义。因此，楼最重要的也是最基本的意义便是指两层及两层以上的高大建筑。字又从木，这表明木结构楼房自古以来所占有的主体地位。关于楼房建筑产生的时代，学术界有战国晚期之说。《左传·哀公八年》："囚诸楼台，栫之以棘。"《史记·苏秦列传》："前有楼阙轩辕，后有长姣美人。"从这些记载和汉画像石资料推断，楼房建筑在我国战国晚期至秦汉之际已经出现，应是不争的事实。也有学者认为，最早的楼相传出现于西周康王执政时期，函谷关令尹喜为迎候神仙降临，在终南山北麓修建了一座草楼，这应当是后世楼房的滥觞。宋人高承《事物纪原》引《史记》："方士言于汉武帝曰：'黄帝为五城十二楼以候神人。'帝乃立井干楼。"则认为"楼盖起于黄帝之时"。是耶？非耶？往事如烟，耐人捉摸。

其实，古人对高楼建筑的想象与探索，早在史前时期就已经开始。距今6千年前的新石器时代，与北方地区半地穴式建筑相对应，在我国浙江、苏南一带河姆渡文化遗址产生了干栏式建筑。这类建筑一般选址在背岗面水的缓坡上。先把80至100厘米的成排木桩打入地下，木桩上端以榫卯与栋梁连接。上面再铺设木板，竖起立柱、架梁、顶盖，建起木结构的房屋。屋顶则以苇席、苫草覆盖，并架设木梯以通上下。这种原始型楼房分为两层，上层供人居住，下层不住人。具有防潮湿、虫害等优点。学界认为，高（高）、京（京）等字的古文字字形，就能折射出干栏式建筑的图案，唤起久远的民族记忆。如今广西、湖南、贵州、云南等少数民族居住区仍有此类两层建筑，上层为居室，下层饲养猪、牛或堆放杂物，人们称其为“吊脚楼”。

我国古代楼阁种类很多，可从建筑材料、结构构造、平面布局等方面逐一分类。若从性质分，主要包括用于军事的城门楼，报时性楼阁，观景性楼阁，以及藏书、戏楼、文昌阁等具有其他文化功能的楼阁。如建在高高城台上的，有城楼、箭楼、敌楼、角楼、钟楼、鼓楼等。箭楼，设在城门前部有远望、射箭窗孔的城墙，如北京正阳门箭楼。敌楼，即城楼，因为可凭以望敌而得名。角楼，建于城垣四角以供瞭望之楼，如北京紫禁城有四座角楼。钟楼与鼓楼，主要用于报时。现存最古老的钟楼，是西安钟楼，原建于明洪武十七年(1384)。又如供佛用的楼，中间修建为空筒式，目的是可容纳高大体量的神佛。如北京梵华楼、宝相楼。又如藏书楼，古代供藏书和阅览图书的建筑。浙江宁波天一阁是现存最早的藏书楼，建于明嘉靖末年。主人范钦根据《易经》里“天一生水，地六成之”以命名，取其以水制火之意。楼上为一大通间，楼下六间，象征“天一地六”。戏楼，又称“乐楼”，为观剧娱乐之所。如颐和园内德和园大戏楼，是一座歇山卷棚顶式木结构建筑物，重檐翘角，造型典雅。楼分三层，演戏时，剧中角色及重要道具，可通过天井上的辘轳下到寿台、地下室，也能飞升而上。它是清代四大戏楼之一。江南古镇南浔有“百间楼”，依河立楼，一道道拱形过街卷洞门，一道道木柱廊檐，踏级石阶，河中倒影，配以桨声渔歌，令人陶醉。牌楼，常作为离宫、苑囿、寺观、陵墓等的入口标志，庄严、肃穆，能对主体建筑起陪衬作用。此外，我国不少地方还有一种魁星楼，又名奎阁，这是祭祀文运之神的地方。如黑龙江双城1829年建造魁星楼，高近40米，每年三、四月科考前夕，前来焚香礼拜者络绎不绝，祈盼文星高照，金榜题名。由于它给人们提供了某种精神支持，所以也被蒙上了一层神秘的面纱。

楼阁建筑具有重大的审美意义，蕴藏着深厚的文化内涵。这种观赏性楼阁体量高大，多建于江边、湖边、海边或风景名胜区。它们以自身的美观造型，成为该地的重要景点，也成了文人雅士们的汇聚之所。文士骚客常饱含激情地吟哦楼台，创制了十分丰富的诗文作品。如王粲的《登楼赋》、王勃的《滕王阁序》、崔颢的《黄鹤楼》、李商隐的《安定城楼》、范仲淹的《岳阳楼记》以及本文开篇所引王之涣的《登鹳雀楼》等，都是脍炙人口的千古佳作。正所谓文因楼而生，楼因文而名。如高楼：张籍《白头吟》诗："宫中为我起高楼，更开华池种芳树。"高楼，既点明了楼的挺拔，又突出了"我"的地位与分量。红楼：王建《上阳宫》诗："画阁红楼宫女笑，玉箫金管路人愁。"红楼画阁并峙，映衬出宫女巧笑之媚姿。翠楼：徐坚《棹歌行》："棹女饰银钩，新妆下翠楼。"银钩翠楼携手，色彩亮丽，新妆耀眼。西楼：孙逖《山阴县西楼》诗："都邑西楼芳树间，逶迤霁色绕江山。"西楼掩映在芳树间，若隐若现，分外迷人。琼楼：侯冽《花发上林》诗："琼楼出高艳，玉辇驻浓阴。"琼楼玉宇，琼楼金阙，以美玉形容建筑物的富丽堂皇。此外，龙楼、凤楼，分别以太子、宫女所居楼宇，借指朝廷或妇人住处；江楼、山楼，以楼房所处环境命名，突出楼房姿态秀美；画楼，指装饰华丽的楼房，如李峤《晚秋喜雨》诗："聚霭笼仙阁，连霏绕画楼"等。宋范仲淹《御街行》："真珠帘卷玉楼空，天淡银河垂地"，也给人一种凄美的感受。

三国时还有一个"楼上元龙"的典故。据《三国志・魏志・陈登传》，汉末世乱，许汜在下邳去看陈登（字元龙），陈登不理，不仅好久不说一句话，而且径自卧大床，让客人卧下床。后遂用"楼上元龙"、"元龙百尺楼""元龙高卧"等形容高处、尊处，高下悬殊；或指尊贵的人；也指简慢客人。如元好问《寄希颜》诗之二："山头杜甫长年瘦，楼上元龙先日豪。"典故又作"上下床"、"卧下床"、"下床卧"等。

我国少数民族地区，有不少独具民族文化特色的楼居。如流行于广西、贵州一带壮、布依、侗等族的“吊脚楼”，又称“吊楼”。云南拉祜族的“掌楼”，用33根柱子、7或9根横梁，再加上竹笆和茅草盖成，分上下两层，适合山区民众居住。竹楼，流行于云南傣族居住区。由几十根竹子支撑，离地七八尺，外铺以木板、竹篾，顶上盖以茅草排。楼下贮物或饲养家畜，楼上作住屋。木楼，流行于湖南、贵州、广西等地侗族居住区。一般用杉、松木搭建，屋顶覆盖茅草等。上层为卧室或堂屋，堂屋设神龛、火塘，也兼作厨房。下层贮物、饲养家畜。

吊脚楼

引自《湘西土家族建筑与文化》，刘俊，辽宁美术出版社，2008年。

在观景类楼房建筑中，最具旅游文化价值的当属江南三大名楼。黄鹤楼、岳阳楼、滕王阁分别雄峙于长江、洞庭湖与赣江边，在时光流转中，虽屡经变迁，但其造型精美，巍峨峥嵘，本色不变，堪为民族文化的重要象征。黄鹤楼在湖北武昌蛇山黄鹤矶头，楼因山而得名。传说始建于三国吴黄武年间（222—229）。有关神话传说不少，如《齐谐记》：“黄鹤山者，仙人子安乘黄鹤过此。”另《文苑英华》等书记载：三国时期曾任蜀尚书令的费祎在黄鹄山修仙得道后，常乘黄鹤重游故地。后人在此建楼招鹤，希望再睹费祎仙容，故名黄鹤楼。历代雅士题咏也很多，以崔颢《黄鹤楼》最为著名。岳阳楼，在湖南岳阳市西门城楼上，面临洞庭湖。其前身为三国吴将鲁肃训练水兵的阅兵台。唐开元四年 (716)，张说谪守岳州，在此建楼。此处地势高峻，鸟瞰洞庭，湖光山色，尽在眼底。诗文以范仲淹《岳阳楼记》、杜甫《登岳阳楼》最有代表性。自古以来，文人墨客都爱登楼眺望，追古思今，寄怀遣愁，感时忧国。

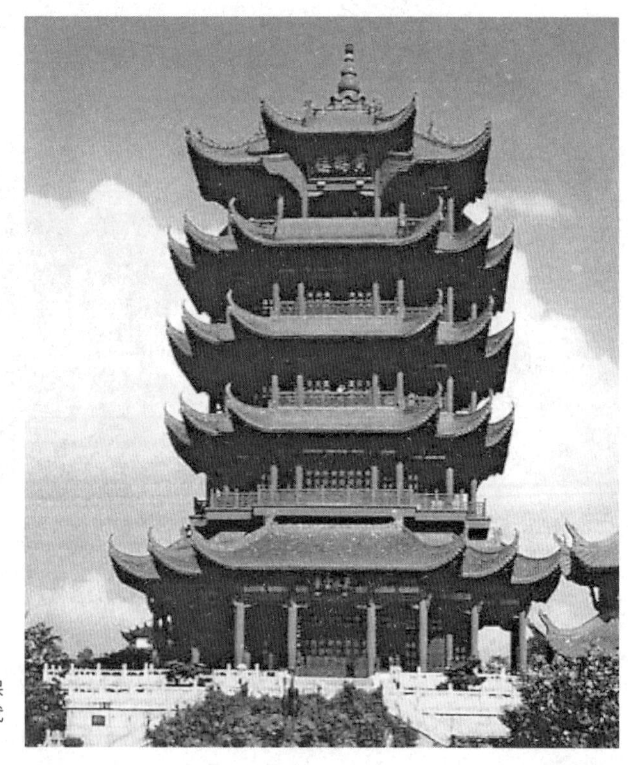

黄鹤楼
引自《黄鹤楼》，张保国、余楚民编著，武汉出版社，2001年。

笔者所在的江苏徐州市有著名的“燕子楼”，是一座造型优雅的两层小楼，卷脊重檐，高翘的檐角像展开的燕翼。轩窗洞开，四面临水，绿树环合，长廊映波。原是唐代徐泗濠节度使张建封府第中的小楼。张建封病逝后，其子张愔被任命为徐州刺史。他能诗文，通音律，与歌妓关盼盼相爱。张愔死后，关盼盼独居燕子楼十多年，不再与异性交往。白居易曾见过她，后为她的事迹所感动并赋诗三首。序中说："盼盼念旧爱而不嫁，居是楼十余年，幽独块然，于今尚在。余爱绘之（指张仲素）新咏，感彭城旧游，因同其题，作三绝句。"大文豪苏东坡也有著名的《永遇乐·彭城夜宿燕子楼》："彭城夜宿燕子楼，梦盼盼，因作此词。明月如霜，好风如水，清景无限。曲港跳鱼，圆荷泻露，寂寞无人见。紞如三鼓，铿然一叶，黯黯梦云惊断。夜茫茫，重寻无处，觉来小园行遍。天涯倦客，山中归路，望断故园心眼。燕子楼空，佳人何在，空锁楼中燕。古今如梦，何曾梦觉，但有旧欢新怨。异时对，黄楼夜景，为余浩叹。"千百年来，"关盼盼独居燕子楼"的故事被传为美谈。

其实，楼在古代的日常生活中不仅仅指前面所讲的我们熟知的多层房屋，还有不少其他的义项。如，有上层的车船，其上层也叫楼。《左传·宣公十五年》："登诸楼车，使呼宋人而告之。"杜预注："楼车，车上望橹。"《文选·左思〈吴都赋〉》："轻舆按辔以经隧，楼船举帆而过肆。"李善注引刘逵曰："楼船，船有楼也。"古代筑成的狭而长的土台也叫楼。《尔雅·释宫》："四方而高曰台，狭而修曰楼。"古代茶肆、酒店、歌舞等场所也称楼。民国时期还有茶楼、酒楼等称呼今已不多见。由此可见，古代楼字所包含的意义要比今天丰富得多也有趣得多。高速发展的现代社会，人们被钢筋水泥的高楼大厦所包围，楼字所蕴含的美感在渐渐失去，恐怕在不久的将来，登楼赋诗的雅兴也将成为一种在未来人眼中的怪癖吧？

宫廷建筑

〖大雄宝“殿”〗

殿，形声字。小篆作，又作。《说文》：“殿，击声也。从殳，击声。”本义是打击之声。段玉裁注：“此字本义未见，假借为宫殿字……又假借为军后曰殿。”在此段氏点出了“殿”的常见义。一是宫殿，二是行军的尾部。关于后者，如《论语·雍也》：“孟之反不伐，奔而殿。”《左传·襄公二十六年》：“晋人寘诸戎车之殿。”实际上“殿”还表示“镇抚、镇守”，如《诗经·小雅·采菽》：“殿天子之邦。”

“殿”字形符作“殳”，金文作，本是兵器，与打击相关，应在情理之中。但古书千年流传，散佚多有，因而本义“击声”无考，这种情况，在《说文》里并非个别现象。

殿的一个较早的意义是“泛指高大的房屋”。《汉书·黄霸传》：“先上殿。”唐颜师古注：“古者屋之高严，通呼为殿，不必宫中也。”其实称帝王所居及朝会之所或供奉神佛之所为殿，才是殿的常见义。有人认为，从秦代起，殿就成为皇宫主体建筑的专称,"宫、殿"二字就成为复合词,并成为皇家专有建筑。我国已知最早的宫殿遗址是夏代河南二里头遗址。专家推断,其一号宫殿基址,应是一座面阔八间、进深三间的四阿重檐式殿堂。我国古代宫殿的基本建筑格局,如有高亢的台基、殿堂坐北朝南、有庭院和廊庑等,已由二里头宫殿奠定了基础。现存最古老的殿,是山西五台山唐代的南禅寺大殿和佛光寺东大殿。除了皇家专有建筑外,后来宗教和纪念性的主体建筑甚或非主体建筑也泛称为殿。

宫殿建筑的庄严雄伟,足以彰显帝王或神佛的威严。如故宫有太和、中和与保和三大殿。其中太和殿是紫禁城中最重要的大殿。它是明清两朝皇帝举行朝政大典的主要场所,皇帝登基、做寿、完婚、立皇后、命将士出征及重大节日接受百官朝贺、赐宴等都在此举行。太和殿面阔11间,进深5间,是现存开间最多、进深最大的一座古代宫殿。每逢大典,文武百官及仪仗队伍齐聚广场,台基上下香炉、铜龟、铜鹤香烟缭绕,一时钟鼓齐鸣,旌旗招展。神圣的典礼气氛,营造出帝王刻意追求的威严意境。

圣母殿

引自《中国文化有关建筑的100个趣味问题》,孙德刚著,金城出版社,2012年。

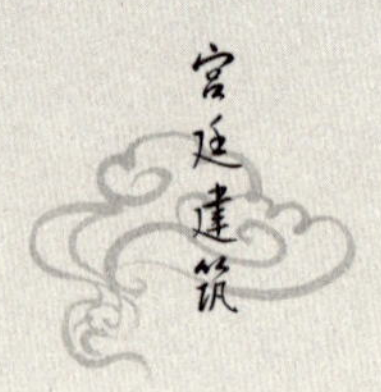

在紫禁城后寝部分的西部有一座养心殿，从清雍正帝开始就成为皇帝的寝宫。养心殿又分为前后两部分。前殿供朝政使用，后殿用于寝居。前殿正间是皇帝接见大臣商议政务之处。东间为暖阁，也是君臣议政的场所。1861年，年仅6岁的同治皇帝登位，由他的母亲慈禧太后实际掌控朝政。在东暖阁内设有一幅垂挂的帘子，同治帝坐于帘前御椅上，而他的母亲却在帘后指挥一切，这就是人们熟知的“垂帘听政”。西暖阁则是皇帝召见军机大臣密议国事的地方。如今的养心殿仍沿袭光绪皇帝主政时的格局，给人们留下了清代帝王统治的历史陈迹。

殿堂通常是帝王所居之处，为求吉祥，特别讲究堪舆（风水）。古人在建筑殿堂房舍时，特别重视方位、前后、高低、风向、水流和色彩等环境条件，以求阳光充足、空气新鲜、吉利顺畅。如建筑宫殿、陵墓要讲究“坐北朝南”；修建宅院房舍要有“前堂后寝”；相地选址要注意“室大多阴，台高多阳”等。凡此种种，都是堪舆在古建筑中的反映。

帝王的威严与至尊在宫殿建筑中得到充分的展现。其总体格局宏伟华丽，色彩斑斓，黄琉璃瓦顶、重檐庑殿、朱漆大门，龙凤彩绘，处处彰显着皇家气派。周朝及汉朝的宫殿多选用红色。自唐代开始黄色成为皇室特用的色彩。《诗经·邶风·绿衣》毛传：“黄，正色”，《太玄·太玄文》范望注：“黄，中也。”黄色在五行说中是代表中央之色。明、清的都城以太和殿为宫殿建筑的中心，在南北中轴线上依次布列了天安门、端门、太和门、太和殿、中和殿等“三朝五门”，轴线两侧是“东西六宫”，围绕着帝、后所居的乾清宫、坤宁宫，书写出帝王的至高无上。

唐诗中写到宫殿的有不少，如王昌龄《长信秋词》之二：“玉颜不及寒鸦色，犹带昭阳日影来。”昭阳，即指昭阳殿。白居易《后宫词》：“泪湿罗巾梦不成，夜深殿前按歌声。”这是一首代宫人所作的怨词，殿自然指的是宫殿。许浑《凌歊台》:“行殿有基荒荠合”,行殿指南朝宋武帝刘裕在安徽当涂所设的离宫。皮日休《汴河怀古》其二:“若无水殿龙舟事”,指隋炀帝率众二十万乘“水殿”“龙舟”游幸江都之事。总的看写的都是帝王所居的建筑。

供奉神佛的高大建筑也称“殿”。印度的佛殿一般为砖石建筑,它没有被原样地引入我国。我国的佛教寺庙在布局上与宫殿、官署相似。佛殿也多采用宫殿、官署式的殿堂建筑。殿堂形式大小不一,大者七间、九间,小者三间、五间。中央大殿即正殿供奉释迦牟尼佛的塑像,且往往以“大雄宝殿”命名。整座寺院以大雄宝殿为核心。“大雄”是佛的德号,“大”指包含万有,“雄”指摄伏群魔。我国著名的大雄宝殿各处多有,如杭州灵隐寺,洛阳少林寺,庐山东林寺,五台山佛光寺,镇江金山寺,宜兴大觉寺都建有大雄宝殿。山西五台山佛光寺,是一座历史久远的佛寺。在长达五开间的佛坛上,供奉着释迦牟尼像和菩萨像30多尊。

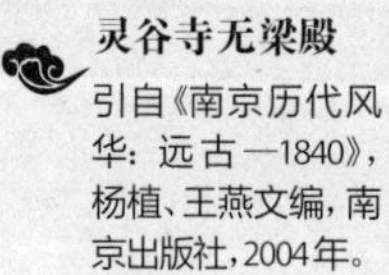

灵谷寺无梁殿

引自《南京历代风华:远古—1840》,杨植、王燕文编,南京出版社,2004年。

佛殿除常规式样外,还有一些特殊品类,如无梁殿和断梁殿。无梁殿在六朝古都金陵(南京)的灵谷寺中,始建于梁天监十三年(514),正式建成于明洪武十四年(1381),原为灵谷寺内供奉无量佛的无量殿,因整座建筑采用砖砌拱券结构，不设大梁，故又称无梁殿。虽然历经600多年沧桑，但该殿仍完好保存至今。断梁殿在苏州虎丘。元至元四年(1344)皇帝南巡，山寺要添建二山门。传说皇帝为考查工匠，下令只给碎料，不用铁钉，建造一座千年不倒的殿门。当时老工匠“赛鲁班”挺身而出，用碎木料拼起斗拱，架四面墙上，又建“琵琶吊”“棋盘格”，利用顶力、吊力作用，分担重量，减小屋顶对大梁的压力。用两根长木担当三根梁的重任，没用一根铁钉，建成的断梁殿坚固结实，千年屹立。

现实生活中，人们常常用到与“殿”有关的几个语词：如“三宝殿”。佛教指佛、法、僧为三宝，因此佛教信徒登场做法事之处称“大雄宝殿”即“三宝殿”。“无事不登三宝殿”是句调侃语，意指无事不登门，登门必有求。又如“金銮殿”，是民间指称皇宫的通俗说法。金銮殿，唐代宫内设置，后代旧小说戏剧泛称皇帝接受朝见的地方。故宫太和殿也叫金銮殿，是明清皇帝登极、下诏书、大婚的场所。銮，帝王车驾所用的铃，借指帝王车驾、帝王。再如“殿堂”，本指古建筑中的主体建筑，包括殿、堂两种形式。人们常说“登上艺术殿堂”，即比喻达到了艺术的最高境界。

【天上宫“阙”】

在亭台楼阁等高大建筑中，“阙”是一种人们相对生疏的建筑。字既从“门”，推测其义当与门有关；音读为que，异体中有一个“从门，缺声”的字，这“缺”是否有隐含语义的作用？阙又常与“宫”“观”等配合，形成“宫阙”“观阙”等双音词，那么，阙与宫、观等具有怎样的意义联系？值得我们加以探讨。

阙，形声字，从门，缺声。小篆作闕，或[illegible]。《说文》：“阙，门观也。”徐锴《说文系传》：“盖为二台于门外，人君作楼观于上，上员下方，以其阙然为道谓之阙，以其上可远观谓之观，以其县（悬）法谓之象魏。”《六书故·工事一》：“宫城上为楼观，阙其下为门，所谓阙门也。”原来，阙是古代宫殿、祠庙或陵墓前面的高大建筑物，通常左右各一，双阙之间的空缺就形成通道，所以叫“阙”，即“空缺”之义。换句话说，由于“阙”通“缺”，两阙之间有通道，故名为“阙”。阙，古音为“溪母月韵”，是一个入声字，今江淮话、吴语、粤语、客家话等仍读入声调。

据考察，最早在西周时我国已有阙这种建筑出现。阙身一般用砖石或砖石木混合建成，由阙基、阙身和屋顶组成，外观上可分为单体阙和母子阙两大类。单体阙为一低矮的方石，阙身为方柱形，柱顶叠砌着两层楼阁。母子阙由一大一小、一高一矮两个相连的阙组成，两个阙各有自己的屋顶，但拥有共同的基座。(参夏林根《中国古建筑旅游》，山西教育出版社) 阙上如再建楼用以远观，这楼就称为“观”。《左传》和《礼记》里记载了周代宫殿的阙还可用来观望御敌与颁布政令。阙在陵墓建筑中也是一个重要的组成部分，如北京十三陵及清代一些皇陵，其称为“二柱门”的，就是阙，也叫墓阙。

汉代阙

引自《中国文化中有关古代建筑的100个趣味问题》，孙德刚著，金城出版社，2012年。

在古代文献里，阙更多的是与宫殿相联系。《庄子·让王》："身在江湖之中，心居乎魏阙之下。"宫门外的阙门称为"魏阙"，是悬布法令的场所，也表示"朝廷"。《淮南子·俶真训》："巍巍高大，故曰魏阙。"他认为"魏、巍"音同义通，"魏"字暗含"高"义。宫廷外的阙门因是悬挂公布国家法令之处，象征国家的治象，又显得高大魏（通"巍"）然，所以又称"象魏"。如《周礼·天官·大宰》："乃县治象之法于象魏。"又称"象阙"。南朝齐王融《永明九年策秀才文》之一："虽言事必史，而象阙未箴。"又称"凤阙"。唐杨炯《从军行》诗："牙璋辞凤阙。"汉武帝所建建章宫圆阙上有金凤雕像，故称凤阙，以指朝廷。又称"北阙"。宋之问《麟趾殿侍宴应制》诗："北阙层城峻，西宫复道悬。"关于"北阙"的来历，据《史记》，汉代萧何建未央宫，宫前有双阙，东阙称青龙阙，北阙称玄（元）武阙。当时尚书奏事，都从北阙进入，以北阙为正门，因而后来概称宫殿为北阙。帝王宫殿乃天子所居，故又称为"天阙"。《宋书·桂阳王休范传》与袁粲等书："便当投命有司，谢罪天阙。"宋岳飞《满江红》词："待从头收拾旧山河，朝天阙。"又因阙、宫关系密切，故宫殿可称为"宫阙"。《史记·高祖本纪》："萧丞相营作未央宫……高祖还，见宫阙壮甚。"宋苏轼《水调歌头·中秋》："不知天上宫阙，今夕是何年。"

阙的高与低，两阙之间距离的远近，也是衡量建筑物是否雄伟壮丽的一个观察点。"唐代大明宫含元殿采用'门阙合一'的形式，更加强了宫殿入口的威严。北京故宫的紫禁城入口——午门，就是继承此种设计手法而使其增加肃杀之气。"（庄裕光《古建春秋》）资料显示，故宫午门楼阁巍峨，其上部正中门楼面阔九间，进深五间，重檐庑殿顶，显得十分壮观。唐大明宫含元殿旧址东西宽度达204米，总面积远超故宫午门，真是气势不凡。《古诗十九首·青青陵上柏》："两宫遥相对，双阙百余尺。"百余尺就足以表现宫阙的宽阔雄伟。

阙又指石阙，即在神庙、坟墓前两旁砌立的石柱。《金石萃编·汉礼三公山碑文》："东就衡山，起堂立坛，双阙夹门，荐牲纳礼。"唐李白《忆秦娥》词："音尘绝，西风残照，汉家陵阙。"在河南登封嵩山南麓，有一座神道阙，名为"太室阙"。阙高近4米，由8层石条砌成，雕刻鸟兽花卉，车马亭阁，十分形象生动。太室阙、少室阙和启母阙并称为"中岳汉三阙"。汉献帝建安十四年(209)，为表彰益州太守高颐出色政绩，建起了一座"高颐阙"。此阙在今四川雅安。主阙13层，高约6米，用红砂、石英岩石垒砌；浮雕内涵深厚，为研究汉代文化、建筑、雕塑提供了宝贵资料。

阙又指古代仕宦人家门前所树用以旌表的建筑物。《旧唐书·朱敬则传》："三代旌表，门标六阙，州党美之。"方以智《通雅·宫室》曾介绍其形制："阀阅二柱，相去一丈，柱端安瓦筒，号为'乌头染'，即谓之阙。"

阙，还能指兵剑。《荀子·性恶》："桓公之葱，太公之阙，文王之录，庄君之智，阖闾之干将、莫邪、巨阙、辟闾，此皆古之良剑也；然而不加砥厉，则不能利，不得人力，则不能断。"太公之阙，即太公之剑。巨阙，本为吴王阖闾之名剑，后用为宝剑的通称。如《全唐诗》僧鸾《赠李粲秀才》："笔下铦磨巨阙锋，胸中静滟西江水。"

由"阙"构成的词语相当多，一是与建筑物之义有关。如，阙里：孔子故里，在山东曲阜县城内。相传为孔子授徒之所。《孔子家语》："孔子始教学于阙里。"据清顾炎武《日知录》，孔庙东南五百步，有双石阙，故名阙里。还有个传说，唐人林攒母亲过世而无庐墓，突然有白头翁飞过，一时甘露飘洒，"林氏遂作二阙于母墓前"(《实宾录》)，时人谓之"阙下林家"。二是与皇帝所居有关。阙庭：宫廷。《汉书·王常传》："今得见阙庭，死无遗恨。"又作"阙廷"。阙掖：宫中。掖指宫中正门左右的小门。《论衡·对作》："发于台下，读于阙掖。"三是与"过失"义有关。阙误：失误。据《三国志·吴志·周瑜传》，周瑜精于音乐，“虽三爵之后，其有阙误必知之，知之必顾。”因此，时人谣曰：“曲有误，周郎顾。”这就是“顾曲”的来历。四是用法同“缺”。阙遗：遗漏。《汉书·司马相如传》：“今封疆之内，冠带之伦，咸获嘉祉，靡有阙遗矣。”

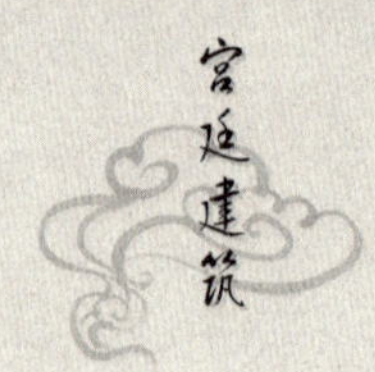

【绮“阁”金门】

在历代诗文作品中，“楼阁”常常并提，就连著名的江南三大名楼，滕王阁也赫然列入其中。看来，楼、阁外形上具有相似处是不言自明了。那么，二者的区别又在哪里呢？

阁，小篆作。形声字，从门，各声。门是形符，形符有表示事物所属范畴的作用，阁的本义应当与“门”密切相关。原来，阁本指设置在门上用来防止门因惯性作用而自动关闭的长木桩。《说文》：“阁，所以止扉也。门开则旁有两长橜扞格之，止其自合也。”“扉”是“门”的意思。“橜”表示“木桩”。“扞格”为“阻挡”之义。《尔雅》中也说：“所以止扉谓之阁。”清郝懿行疏：“此阁以长木为之，各施于门扇两旁以止其走扇。”本义与楼式建筑物无直接关联。王国维对于“阁”的意义有不同的认识，他在《观堂别集》(卷一)中有一篇《邸阁考》，云：“古代储峙军粮之所，谓之邸阁，其名始见于汉魏之间。”裘锡圭在《汉简零拾》中利用汉简中关于“阁”与“邸”的相关记载，更进一步论证了王国维所说的阁为储物之地的说法。由此可见，阁在中国古代建筑中具有多种含义。阁，古音为“见母铎韵”，是一个入声字，今江淮话、吴语、粤语、客家话等仍保留入声读法。

从历史上来看，阁作为一种建筑物至少在秦汉时代已经出现了。《史记·秦始皇本纪》：“殿屋复道，周阁相属。”《淮南子·主术训》：“高台层榭，接屋连阁。”都是有力的证明。宋人高承《事物纪原》引《韩诗外传》“黄帝时，凤巢于阿阁”，认为“阁亦肇于黄帝矣”。虽系传说，但也可旁证阁的历史久远。

阁
杨灵盟绘

楼与阁主要的区别表现在两个方面，一、外形：楼通常三面有墙，阁则四周设隔扇或栏杆回廊。一般平面近方形，有平座。楼是多层的，但阁可以多层，如滕王阁，也可以是一层，如颐和园的宝云阁。二、用途：楼基本功能是供人居住，阁则供人远眺、游憩、藏书和供佛之用。杜牧《阿房宫赋》：“五步一楼，十步一阁。”描写阿房宫建筑的稠密与豪华。唐太宗《初秋夜坐》诗：“斜

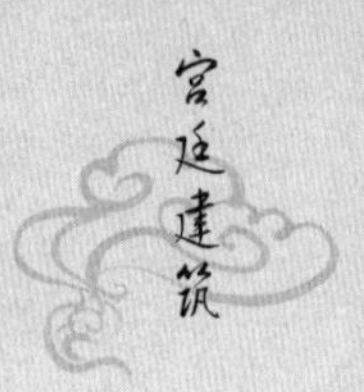

廊连绮阁，初月照宵帏。”突出了阁房的华美与宁静。苏轼《水调歌头》：“转朱阁，低绮户，照无眠。”描写月光照遍了华美的楼阁，照进雕花的门窗，照着难眠之人，表现了身处朱阁中的作者的内心感受。这都标明了阁的休憩功能。作为藏书之用，汉代有天禄阁、石渠阁。西汉初年丞相萧何主持修建。地处今陕西省西安市7.5公里未央区境内。两阁同为汉宫御用收藏典籍和开展学术活动的地方，是我国也是世界上最早的国家图书馆和档案馆。西汉文学家扬雄曾校书天禄阁，目录学家刘向曾校书石渠阁。历史学家司马迁就凭借这些资料，完成了五十多万字彪炳千秋的历史名著《史记》。到了清代，乾隆皇帝为了存放《四库全书》，仿效宁波天一阁，建造成南北七阁，北四阁为文渊阁、文溯阁、文源阁、文津阁，南三阁为文宗阁、文汇阁、文澜阁。为保存这部中国文化学术大典付出了努力。阁作为供佛之用，最著名的有颐和园佛香阁。它是该园的主体建筑，建在万寿山前高21米的方形台基上，南临昆明湖，北靠智慧海，各个建筑群以它为中心向两翼展开，众星捧月，气势宏伟。阁高40米，8面3层4重檐。1860年毁于英法联军战火，光绪时（1875—1908）在原堤依样重建，供奉佛像。作为四大佛教名山之一的峨眉山，有一座“清音阁”，原是一座寺庙，位于牛心岭下。隋末唐初，著名医药家孙思邈常居于此，撰写《摄身真录》、《千金方》等医学著作。元代至正年间，安徽龙兴寺广济和尚来到峨眉山，取晋代诗人左思《招隐诗》中“何必丝与竹，山水有清音”之意，将寺改名为清音阁。现在以阁为中心，寺庙楼台鼎立相映，山水一脉相连，形成集自然与人工美为一体的庞大山水园林环境。

以峥嵘大气而著名的，应首推江南三大名楼之一的滕王阁。它巍然屹立在南昌赣江之滨，碧瓦丹柱，雕梁画栋，飞檐翘脊，耸立云天，充分展现出古典建筑的雄浑之美，真不愧为阁中翘楚。唐人王勃在《滕王阁序》中盛赞其“层台耸翠，上出重雾，飞阁流丹，下临天地。鹤汀凫渚，穷岛屿之萦回；桂殿兰宫，列冈峦之体势。披绣闼，俯雕甍，山原旷其盈视，川泽盱其骇瞩。”突出刻画了杰阁的雄美壮阔，引人入胜。唐人以“滕王阁”为题的诗篇也为数不少，如王勃的《滕王阁》，李涉的《重登滕王阁》，张乔的《滕王阁》，曹松的《滕王阁春日晚眺》等，无不慨其雄姿，抒发情思，读来荡气回肠。此外各地还广设文昌阁，供奉文昌帝君“文曲星”，目的在于神道设教，保佑功名利禄。文昌又名“文星”，是我国古代神话中主宰功名、禄位的神，后为道教所承袭，多为读书人所崇祀，以为可保功名。明清两代，科举制度鼎盛，也是文昌帝君崇拜的鼎盛期。人们不仅供奉文昌，还供奉奎星。因“奎”指两足张开，神像不易塑造，于是采纳顾炎武的意见，改奎为魁，塑成鬼形，其左足向后翘起踢着一斗，左手捧卷，右手执笔作评定试卷姿态。于是各地均仿此加塑魁星神像，文昌阁也被称为“魁文阁”、“奎文阁”。

滕王阁

引自《图说古今滕王阁》徐忠、宗九奇主编，江西美术出版社，2008年。

阁的雄姿吸引了无数的文人雅士，他们不吝纸墨，多角度地盛赞阁之美姿。或赞其高，如王昌龄《少年行》：“高阁歌声远，重关柳色深。”或赞其深邃，如李世民《元日》：“高轩暖春色，邃阁媚朝光。”或赞其凌空气势，如天外飞来，

如虞世南《赋得吴都》:“高台临茂苑,飞阁跨澄流。”或赞其华美如金。如乔备《长门怨》:“坠露清金阁,流萤点玉除。”此外,还有“绮阁”、“兰阁”、“朱阁”、“香阁”等不同称说,赞其妙美。的确,真实生活中的阁建筑,或四面轩窗,或画栏回廊,或凌空飞架,风格多样。如长沙天心阁,建在隆起的山岗上,愈显挺拔。云南三清阁,建在昆明西山罗汉崖上,有如空中楼阁。山东蓬莱阁,雄踞于悬崖山顶,濒临大海,气势如虹。广州的越秀山奕阁,以底层支柱层为手段,把四周景色尽收于内,登上一层楼,可以饱览羊城春色。“楼前水池相配,右侧花廊相依,室内外空间相互渗透,山阴水影相互呼应,颇有一种清新畅怀之雅境。”(夏林根《中国古建筑旅游》,山西教育出版社)

有一个典故叫“东閤(阁)待贤”。“閤”同“阁”,为异体字。据《汉书·公孙弘传》,公孙弘当宰相后,别立客馆,东向开门,招纳四方贤才,一起谋议大事。《汉书》唐颜师古注:“閤者,小门也,东向开之,避当庭门而引宾客,以别于掾吏官属也。”后遂用“东閤、孙弘閤、公孙阁、孙阁、弘阁、丞相閤”等指款待宾客、招纳贤才之所;用“开閤”指纳贤待客。

“阁”还有几个重要的引申义:一是官衙或官衔称谓。唐代光宅元年改中书省为凤阁,中书舍人中资深者称为阁老。宋代设殿阁学士,是执政大臣的荣衔。明清时代把进士中的一部分选入翰林院称为馆阁之选。后来,“阁下”成为对某些高级显要人物的敬称。意思是不敢直指其人,因此招呼在其阁下的侍从而告诉他。阁的另一个引申义是“架空的栈道。用木板架筑在山岩绝险处的道路。”如《战国策·齐策》:“为栈道木阁而迎王与后于城阳山中。”《三国志·魏延传》:“率所领径先南归,所过烧绝阁道。”阁还有一个引申义特指女子的卧房。《乐府诗集·木兰传》写花木兰代父从军,英勇作战,凯旋回家后,“开我东阁门,坐我西阁床。”恢复女儿身后的花木兰又回到熟悉的居住环境,充分享受作为一个青春女性的温馨畅意了。因而满怀兴奋,在卧室里尽情徜徉。女子的卧室又称“闺阁”。如《敦煌曲子词·凤归云遍》:“幼年生于闺阁,洞房深。”“闺”从门,圭声,本指上圆下方的小门,转作女子居住的内室,如“深闺”。“闺阁”也是由小门借指内室,又引申指女子卧室的。女子出嫁则称“出阁”,意指离开卧房、家庭,走向了人生的一个新阶段。

养心殿东暖阁

引自《中国古代建筑》,清华大学建筑系编,清华大学出版社,1985年。

【骋望高“台”】

一说到“台”，脑海里就会涌现出“楼台”、“戏台”、“擂台”、“灯台”等形象，高高的，上面平平的那类事物。台，到底是什么？台与“臺”，又是什么关系？

先说“臺”字。小篆作[illegible]。本义是用土石砌筑成的四方形高而平的建筑物。《说文》：“臺，观，四方而高者。从至，从之，从高省。与室屋同意。”之，徐锴认为是声符，朱骏声认为是“象上出，远而可见”。从战国文字看，不大像表示“到，往”之义的“之”字。从至，与室、屋从“至”表义类似，应是表示人所栖止之地。从高，表示地势高峻的特点。《尔雅·释宫》：“阇谓之臺。”清人郝懿行也认为是“四方而高者”。我国的臺，一是高，二是臺上无顶。或筑于山头，或平地而起，其上或有亭榭之类，呈现出相近的建筑风貌。有学者指出：“台（臺）高是山的模拟，又是山的功能的延伸……耸立外形和意义指向，透出一种神圣化的存在和象征。”“台无顶而空，以建筑的形式明确了与神交往的功能。”春秋战国时期盛行建筑高台，并在台上盖房子，以供游赏观眺祭神，例如赵国邯郸的丛台等。天文观象建筑古代称为灵台，明代修建的北京古观象台至今依然屹立。

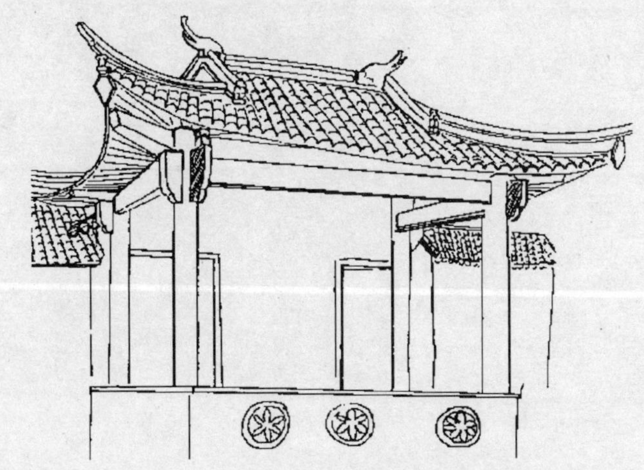

台
杨灵盟绘

台，与“臺”本义并不相同。金文作，小篆作。《说文》分析为“从口，㠯声。”《尔雅·释诂上》：“台，我也。”先秦古书中有不少“台”作第一人称的例子。也有人认为“台”表示喜悦，后来写作“怡”。按照传统做法，这个意义的“台”读为yí。但根据上古音“喻四归定”的对应规律，应读为tái，这样“台”与“臺”读音相同，也就获得与“臺”通用的条件。简化汉字时，臺简化为台，这样，原本各有所司的字，混而为一了。通用的“台、臺”都可以表示像“台”的家具，如柜台、写字台、讲台等，或某些做座子的器物，如锅台、灯台、砚台等。台，古音为“透母之韵”；臺，古音为“定母之韵”，定母为全浊音，今吴语、湘语读臺仍为全浊声母。“台”常与榭连用。台榭广泛应用于园林建筑中。台还常用作敬辞，如称朋友“台兄”、“台甫”，表示对方比自己高、尊贵。

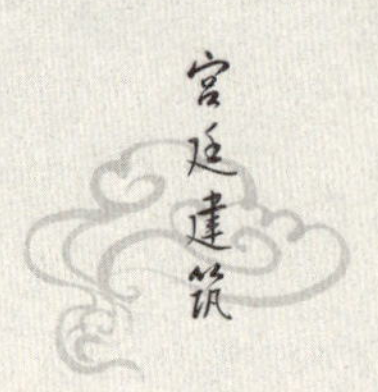

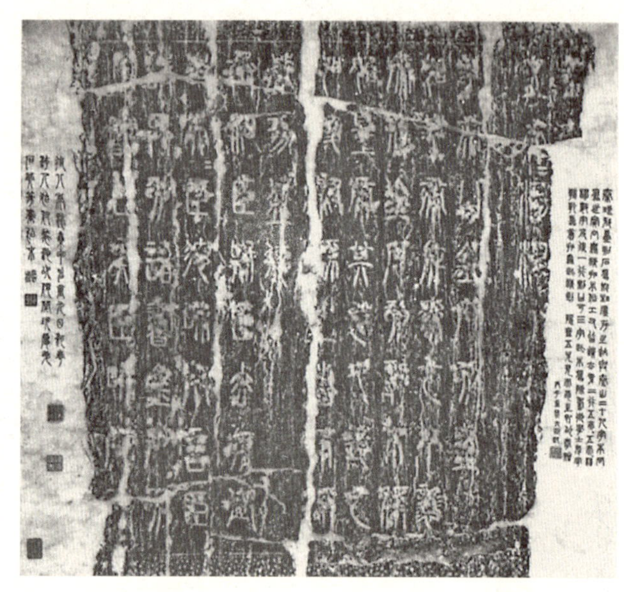

琅琊台刻石拓片

《历代文物装饰文字图鉴》李明君编著，人民美术出版社，2001年。

台的建筑史非常悠久。史载周王让人建筑灵台，他亲自游观，并在辟雍奏乐自娱。在《诗经·大雅·灵台》中有所记载。灵台故址在陕西西安西北。后来在河南洛阳汉魏故城南郊也建了灵台，高约8米，是当时最大的天文台，东汉天文学家张衡任太史令时，曾主持过灵台的天文观测和天文研究，作出过重大贡献。从春秋战国到汉魏时期，筑台之风盛行，更多地适应了君王、权贵们施政或观赏的需要。如故址在湖北潜江县的章华台，楚灵王所建，台高10丈，是一个由层台累榭组成的大型建筑群，被誉为天下第一台，又称为“章华之宫”。据《国语·楚语》，楚灵王曾在此接见外国使者。由于台高路遥，拾级而上的使者往往中途三次休息才能抵达，故又称为“三休台”。此等规格，足以彰显楚灵王的富有与威严。遄台，春秋时齐国所建，齐景公“高台深池，撞钟舞女”，在此恣意享乐。琅琊台，越王勾践初建，台顶营建了望越楼，以南望会稽。秦始皇东巡郡县，封禅泰山，并重修琅琊台，以观海望日，扬威四海。柏梁台，设在汉长安桂宫内，是汉武帝祭祀鬼神的高台，高20丈。《三辅故事》："用香柏为殿，香闻十里。"后毁于火灾。铜雀台，曹操击败袁绍后所建。当时在邺城掘得铜雀一只，被视为吉祥之兆，于是兴建此台。这里是曹氏父子与建安文人经常会集之处，他们议论国事，研讨诗文，抒发雄心壮志。曹操也曾率领姬妾，在此急管繁弦，纵情歌舞。此外，灵台可观天文，时台"观四方造化"，"囿台"观鸟兽鱼类，都适应和满足了封建统治者的各种需要。现存最古老的天文建筑，是河南登封的观星台。年代久远，相传周公曾来此观测日影，元代重建并保存至今。

随着岁月更替，台的使用冲破了君王专属的范围而向民间发展，用途也更加广泛，适用于宗教、音乐、军事等方面。如陕西终南山北麓的周至楼观台，依山带水，风光幽美。传老子曾在此讲授《道德经》，后成为道家的活动场所，号称"天下第一福地"。有老子说经台、尹喜观星楼、秦始皇清庙等名胜古迹。又如繁台，在开封东南禹王台公园内。相传是春秋时音乐家师旷的吹台，又名雪台。又如拜将台，位于陕西汉中，相传是汉高祖刘邦拜韩信为大将时所建。戏马台，位于江苏徐州，是当年项羽驻守彭城检阅操练士兵的地方。著名的长城上设置有敌台和烽火台。每隔30米—100米就建有敌台（哨楼），可从顶部瞭望、射击。烽火台是报警的墩台建筑，建在山岭最高处。遇有敌情则白天焚烟，夜间举火，按规定路线很快传到营堡。此外，吴中的读书台，是三国时吴将吕蒙研读古籍之所；浙江桐庐的钓鱼台，是东汉隐士严光垂钓避世之地；南京紫金山天文台，为观察天象所用；武昌古琴台，为纪念伯牙、钟子期这对知音弹琴欢聚之处。由上可知，处处台筑，无不折射着历史之光彩，无不昭示着文化的魅力。

湖南长沙有一处景点叫"八景台"，其来历颇有情味。据说，宋代画家宋迪经常以潇湘山水风景作为绘画题材。其得意之作有“平沙落雁、洞庭秋月、潇湘夜雨”等八幅，故名为“八景图”。书法家米芾见后拍案称奇，并给每幅画都作诗写序，加以推崇。于是时人集资兴建八景台，把“潇湘八景图”陈列其上。南宋宁宗帝赵扩也亲笔题书八景图诗。“潇湘八景”遂名声远扬。

河南登封观星台
引自《中国古建筑与近现代建筑》，卜德清等编著，天津大学出版社，2000年。

历代诗文中，对台曾有过许多精彩描写。曹植《杂诗七首》：“日暮东风春草绿，鹧鸪飞上越王台。”抒写了春风春景簇拥下的越王台，寄寓了作者对历史的深思。陈子昂《燕昭王》诗：“南登碣石馆，遥望黄金台。”当年昭王置金台上，以广延天下贤士。作者在缅怀往古的同时，为自己生不逢辰、怀才不遇而深深感慨。储光羲《登戏马台作》：“少年自言未得意，日暮萧条登古台。”此诗追忆宋武帝刘裕在戏马台会宴群臣，歌颂了他的武功霸业，作者登古台而兴感慨，流露出对不凡功业的崇敬与向往。李白《古风》其二：“铭功会稽岭，骋望琅琊台。”写秦始皇统一天下的伟业，展现其一代豪雄的气魄，又为他长生无成，葬为寒灰的人生悲剧作了冷峻的反思。这些高台，带给人一种旷远、凝重的历史沧桑之感。晏殊《踏莎行》:“小径红稀，芳郊绿遍，高台树色阴阴见。”则以轻快的笔调，描写楼台周围树木茂密，呈现一片幽暗之色，抒写了作者暮春的闲愁。韩元吉《水调歌头》:“落日平原西望，鼓角秋悲壮，戏马但荒台。”这首词是作者重阳节游上饶云洞之作。但从所引词句来看，作者借用刘裕宴群臣的有关典故，表达了自己“神州陆沉之慨”以及收复中原失地的强烈心愿。

“债台高筑”是一个典故。借债还要登“台”？似乎有点匪夷所思。不过它真的与“台”有些关联。据《汉书·诸侯王表序》:“分为二周，有逃责（债）之台。”按唐颜师古引汉人服虔之说，战国时周赧王负债甚多，无法归还，被债主逼迫，只好躲到台上。后遂用“债台高筑、债筑台、避债台”等形容欠债很多；以“债避无台”写无处藏身。

台作为建筑的高大雄伟，在国人心目中形成了美好的艺术形象，而且固化为一种心理定势。台、臺所构成的词里，有不少内含“高大”之义。如：台岳，指高位，如宰相、三公等。台席，称宰相的职位。台鼎，旧指三公。台衡：台，三星台；衡，玉衡，北斗杓斗星。都是位于紫微宫帝座前的星名，均用于比喻宰辅大臣。臺门，诸侯所筑用以瞭望守卫的土垒。臺琖，有托盘的酒盏。臺阁，供游观的亭台楼观。臺观，楼台宫观等高大建筑。

日常交际中使用的“台”往往是其比喻义。如“台盘”、“台面”。人们常说：“这个拿不上台盘”，就是说：此事太隐秘，不能公开，只能私下处理，你知我知。“这人上不了台面”，是说此人形象委琐，言行庸俗，不登大雅之堂。一个人从政掌权叫“上台”，离开执政地位叫“下台”。崩溃瓦解叫“垮台”，也叫“塌台”、“倒台”。后台，一指剧场中舞台后面的部分，二是比喻在背后操纵、支持的人或集团。台柱子，本指戏班中的主要演员，又借指集体中的骨干。这些鲜活生动的词语，既内含了“高台”的影子，又表达出新的形象与概念。

【华“表”说略】

华表，指“古代立于宫殿、城垣或陵墓前的石柱，柱身往往刻有花纹。”在北京天安门城楼前那对汉白玉雕刻的华表，它巍然屹立，把天安门衬托得更加雄伟庄严。华表又指“用以表示王者纳谏或指路的木柱。”晋崔豹《古今注·问答释义》：“程雅问曰：‘尧设诽谤之木，何也？’答曰：‘今之华表木也。以横木交柱头，状若花也。形似桔槔，大路交衢悉施焉。或谓之表木，以表王者纳谏也。亦以标识衢路也。秦乃除之，汉始复修焉。今西京谓之交午木。’”此文将木制华表的形制、功用、历史沿革讲述得相当清楚。北魏杨衒之《洛阳伽蓝记·龙华寺》也说：“宣阳门外四里，至洛水上……南北两岸有华表，举高二十丈，华表上作凤凰似欲冲天势。”耸立冲天，气势非凡。

“华表”一词，“华”是修饰成分，表示“美观，有文彩”。“表”是中心语。表，《包山楚简》中作，《睡虎地秦简》中作、之形，小篆基本沿袭了这些形体，作[illegible]。《说文》:“表,上衣也。从衣,从毛。”本指人身上外加的上衣,一说皮袄有毛的一面。引申为“明示,显扬”之义。“表”的另一个意义指“古代测量日影以记时的标竿”。《史记·司马穰苴传》:“立表下漏待贾”,索隐:“立表,谓立木为表以视日影。”立木以作标识记号,是一种古老的传统。《尚书·禹贡》:“禹敷土,随山刊木,奠高山大川。”刊木,砍削树木,以树干作界线标志。《史记·夏本纪》说禹“行山表木,定高山大川。”“表木”与“刊木”都是砍伐树木,留下树干,作为测量山川形势的标记。此外,古时还有“桓”,“桓木”,即在交通要道竖立木柱,以作识别标志。桓,《说文》:“桓,亭邮表也。从木,亘声。”徐灏笺:“戴氏侗曰:‘柱之植立者曰桓。’”《汉书·酷吏传·尹赏》“瘗寺门桓东”,颜师古注:“如淳曰:‘陈宋之俗言桓,声如和,今犹谓之和表。’即华表也。”综上所说,“表”指竖立木柱作识别标志,“桓”指“古代邮亭旁用作标志的柱子”,应当都是华表的雏形。

华表的形制也不断有所调整。文献表明,元代以前,华表主要是木制的,上插“十”字形木板,制白鹤立于其上。它一般竖立在路口、桥头或衙署,作为路标或其他标志。明代以后,华表多为石制,下设须弥座,上端用一雕云纹石板。以往柱顶上的立鹤此时被蹲兽所取代,俗称“朝天吼”。华表四周围上石栏,华表和栏杆上遍布制作精美的浮雕。到了明清时期,主要立在宫殿、陵墓前,作为皇家建筑的一种特殊标志,象征着帝王的绝对威权。也有立于桥头的,如北京卢沟桥头的华表。天安门前的华表则建于明永乐年间,形制精美而华贵:柱顶上有一个刻花托盘,称为“承露”;盘上雄踞着一头怪兽,头朝外,望着遥远的天际,这就是神话传说中龙王九子之一的犼,据说因为它忠于职守,龙王特命它负责警卫。承露盘下是一片云纹雕饰的横档,好似柱身直插云霄;下部基座仿须弥座造型,四周汉白玉栏板环绕。每只华表重约40吨,其造型、雕刻技艺,均为建筑精品,令人赞赏。此外,文津街北京图书馆前的华表,是从圆明园移来的,也是华表佳作。

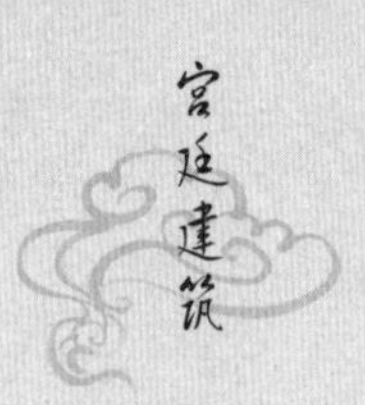

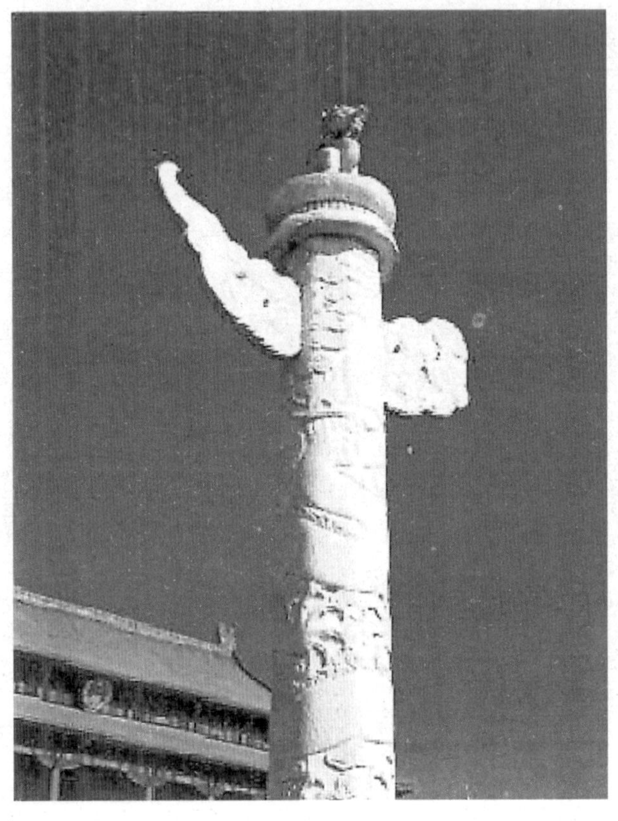

北京天安门前的华表

引自《中国古建筑与近现代建筑》，卜德清等编著，天津大学出版社，2000年。

华表的另一个意义是“古代用来表示帝王纳谏的木柱”，这个意义比其常用义“立于宫殿、城垣或陵墓前的石柱”产生得更早。《淮南子·主术训》：“尧置敢谏之鼓，舜立诽谤之木。”《后汉书·杨震传》：“臣闻尧舜之时，谏鼓谤木，立之于朝。”因此，这类华表就简称“谤木”。谤、诽谤，古代指议论是非，指责过失。尧舜能设谏鼓、立谤木，显示出当时最高执政者关注民意、虚心纳谏的雍容大度。天安门前华表的基本造型，即从上古形制承续而来。据《梁书·武帝纪》，天监元年，武帝下诏，在公车府谤木及肺石旁设置信箱（函），

“吏民有议时政者，以书投谤木函；有怀才莫伸者，投肺石函。”尽管这样做主要是显示一种政治姿态，但仍然不失为政治开明的表现，比起周厉王时代的黑暗政治来显然有高低之别。据《国语·周语上》载，厉王暴虐，国人纷纷议论他，厉王大怒，让卫国的巫者去监视众人，发现谤者就杀掉。于是就出现了“国人莫敢言，道路以目”的恐怖局面。可结果，这种不让民众讲话的局面未能维持多久，厉王就被民众推翻并放逐了。

还有一种华表，古代称“表”、“标”或“望柱”，特点是柱顶不设云板，一般安置在墓道前端用作入口标志，因而又称为“墓表”。南朝时墓表为石制，上有碑，刻某某“神道”。唐宋时演变为顶上有火珠的八角石柱。明清时又演变成神道南端的对云纹八角柱。与华表相似的建筑形式有阙、坊等，区别在于：“柱高而不刻字者，谓之华表；柱矮而刻字者，谓之阙；四柱平立，上有横石二条，谓之坊。”(参聂鑫森《触摸古建筑》，湖南美术出版社)

与华表有关的典故有“华表鹤”，又叫“华表语”，“鹤归华表”等。据晋陶潜《搜神后记》卷一：“丁令威，本辽东人，学道于灵虚山，后化鹤归辽，集城门华表柱。时有少年，举弓欲射之，鹤乃飞，徘徊空中而言曰：‘有鸟有鸟丁令威，去家千年今始归，城郭如故人民非，何不学仙冢垒垒。’遂高上冲天。”丁令威学道离家，千年后化作白鹤回到故乡，停在华表柱上，口吐人语，感叹城郭如故，世事已非。后遂用“辽东鹤”、“鹤归华表”、“辽东华表”等写久别重归，慨叹人世变迁，表达思乡之情。

园林建筑

〖曲水亭“榭”〗

读过《红楼梦》的朋友们一定还记得大观园中的藕香榭，史湘云曾在这里开过海棠诗社，设过螃蟹宴。贾母在大观园东面的缀锦阁底下饮酒时，也曾让女戏子们在藕香榭的水亭子上表演乐曲，借着水音欣赏，分外好听。书中第三十八回这样描述藕香榭：“原来这藕香榭盖在池中，四面有窗，左右有回廊，也是跨水接岸，后面又有曲折竹桥。……”海棠诗社中惜春就以“藕榭”作为自己的雅号。那么，榭到底是怎样一种景观呢？

明人计成在其建筑著作《园冶》中指出：“榭者，借也。借景而成者也。或水边，或花畔，制亦随态。”由此可知，榭是一种借助周围景色而供人欣赏休憩的景观。榭常建在高土台上，或临水而建。古代文献中，“台(臺)榭”一词多见。台榭是宫室、宗庙中常用的一种建筑形式，如《尚书·泰誓》：“唯宫室台榭，波池侈服。”注：“有木曰榭。”《国语·楚语上》：“故先王之为台榭也，榭不过讲军实，台不过望气祥。”“台、榭”连言，二者关系密切，自不待言。《说文新附》：“榭，台有屋也。从木，射声。”《尔雅·释宫》：“阇谓之台，有木者谓之榭。”郭璞注：“台上起屋。”郝懿行义疏：“榭者，谓台上架木为屋。”《尚书·泰誓上》孔传：“土高曰台，有木曰榭。”由此看来，榭原来是建在高台上的木结构建筑。关于“台榭”的产生，宋人高承《事物纪原》曾有过推测：“《尔雅》曰：观四方高曰台，有木曰榭。《山海经》曰：沃民之国，有轩辕台。《黄帝内传》曰：帝既斩蚩尤，因之立台榭。此盖其始也。”古诗词中也多有台榭，如，李隆基《过晋阳宫》：“井邑龙斯跃，城池凤翔余。林塘犹沛泽，台榭宛旧居。”李白《江上吟》：“仙人有待乘黄鹤，海客无心随白鸥。屈平词赋悬日月，楚王台榭空山丘。”韦应物《登高望洛城作》：“帝宅夹清洛，丹霞捧朝暾。葱茏瑶台榭，窈窕双阙门。”等。

榭，小篆作，字从木，射声。榭，辝夜切，鱼部字；射，神夜切，鱼部字。由古音我们可以看到，榭、射二字古音相近，那么榭字构型从射声仅仅是声符的关系么？要想知道这个问题，我们还要先从射字讲起。射字的本义是开弓放箭。《说文》：“䠶，弓弩发于身而中于远也。从矢，从身。射，篆文䠶从寸。寸，法度也，亦手也。”商承祚《说文中之古文考》：“射，为篆文，则䠶为古文矣……是䠶从弓从矢，或从弓从矢从又，象张弓注矢而射。此从身，乃弓形之讹。”周礼有射礼，射也是古代六艺之一。从这些似乎看不出射与我们讲的台榭有什么联系，然而榭字最初并非指上文我们所讲的景观，而是指无室的厅堂，即四面敞开的较大的房屋，也为古代讲武、阅兵和供帝王狩猎习射之所。《左传·成公十七年》：“三郤将谋于榭。”《尔雅·释宫》：“室有东西厢曰庙，无东西厢有室曰寝，无室曰榭。”郭璞注：“榭即今堂堭。”邢昺疏：“堂堭即今殿也。殿亦无室。”王国维《观堂集林》卷三：“且古之宫室，未有有堂而无室者。有之，则惟习射之榭为然。”也就是说，射字可能是由本来表示射箭的意义发展为供帝王狩猎习射之所的场所，后来加木成榭。射字古文本同“榭”，《春秋·宣公十六年》：“夏，成周宣榭火。”阮元校勘记：“惠栋云：‘……周《郙敦》铭曰：王格于宣射。古文榭字作射’。”而后来加木成榭的原因也可能是由于其功用和形制都发生了变化。

榭
杨灵盟绘

从功用看，由讲武堂或阅兵之所转变为“供人游憩或眺望的建筑物”。形制上，由古代多建在高土台上，演变为后代多建于水边、花畔，借以成景。且多以木质材料建造而成，故从木。明清园林中称三面环水、一面着陆的供人休息、观赏的亭式建筑为榭，一般为长方形平面，四周都设有落地门窗，具有空透畅朗的特点。屋顶常用卷棚歇山式样，屋角平舒轻巧。各式门窗栏杆等，常有精美的木作艺术，显得既朴实自然，又简练大方。建于水池边的小建筑可称水榭，赏花的小建筑可称花榭。水榭多为临水而建的开敞建筑，前设坐栏“美人靠”，供人凭栏观景。“其基本形式是：在大水边架起一平台，平台一半伸入水中，一半架立于岸边，平台四周以低平的栏杆相围绕，平台上建单体建筑物，建筑平面形式通常为长方形，其临水的一侧特别开敞，有时建筑物

的里面都立有落地门窗，显得空透、畅达。”（参夏林根《中国古建筑旅游》，山西教育出版社）

春秋时期，各国宫室的建筑颇多，且多雄伟高大的建筑，因此台榭的遗址也留存有不少。其中比较著名的有春秋晋都新田遗址、战国燕下都遗址、邯郸赵国故城遗址、秦咸阳宫遗址等，这些建筑遗址大都保留了巨大的阶梯状夯土台，其高度有的可以达到十余米，长度有的甚至超过百米。由此可以想见当时建成时是多么宏伟。另外，战国台榭的形象还可在战国刻纹铜器上看到。战国铜器上刻镂或模铸的建筑图像，以河南省辉县出土的铜鉴和上海博物馆收藏的燕乐纹铜桮较重要。辉县铜鉴上表现有魏国贵族狩猎和献禽于庙、社的内容。其中刻的一座大建筑，是建在高一层的土台上的三层台榭建筑，各柱头上都画有斗栱。山西省长治市和江苏南京六合区出土的两件战国铜匜上所刻建筑，与辉县铜鉴基本相同，都是二层或三层台榭建筑的剖面图。汉以后基本上不再建造台榭式的建筑，但仍在城台、墩台上建屋。

唐以后又将临水的或建在水中的建筑物称为水榭，已是完全不同于台榭的另一类型建筑。水榭，是临水建造的游憩观赏性建筑，多用于玩水、赏鱼和观花，造型轻盈活泼，较多采用开畅的形式。水平线条，以与水平面的景色相协调。在古代诗文中，不乏关于水榭的描写。如唐崔湜《侍宴长宁公主东庄应制》诗：“水榭宜时陟，山楼向晚看。”权德舆《六府诗》：“水榭临空迥，酣歌当座起。”刘禹锡《和重题》诗：“水榭芝兰室，仙舟鱼鸟情。”当你置身水榭时，清风徐徐，荷香缕缕，顿觉赏心悦目，宛若融入诗画。

宋代词人辛弃疾的《永遇乐·京口北固亭怀古》是一篇千古传唱的名作：“千古江山，英雄无觅孙仲谋处。舞榭歌台，风流总被雨打风吹去。”辛弃疾念念不忘中原沦陷区的土地和人民，词作中流露出老当益壮的强烈战斗意志，风格沉郁苍凉。词中写到的“舞榭”，指供歌舞用的楼屋，古代多有。唐人许尧佐《石季伦金谷园》诗:“舞榭荒台掩,歌台坠叶繁。”黄滔《馆娃宫赋》:“舞榭歌台,朝为宫而暮为沼。”蔡孚《郊庙歌辞·享龙池乐章·第二章》:“歌台舞榭宜正月,柳岸梅洲胜往年。”张籍《伤歌行》:“高堂舞榭锁管弦,美人遥望西南天。”元稹《连昌宫词》:“舞榭欹倾基尚在,文窗窈窕纱犹绿。”从上述诗文提供的语境看,舞榭应是建在高土台上的建筑物。与后代建在水边的水榭、花榭应有所区别。

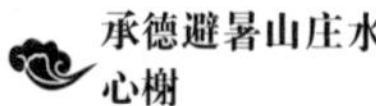
承德避暑山庄水心榭

引自《中国民族建筑》王绍周主编,江苏科学技术出版社,1999年。

我国著名的榭不少,如河北承德避暑山庄的水心榭。位于山庄东宫之北,是宫殿区与湖区的重要通道,被列为“乾隆三十六景”之第八景。该榭建在下湖与银湖之间,跨水为桥,上列亭榭三座。南北为方亭,中间是进深三间的重檐水榭。榭在水中,两旁空间开阔,碧波荡漾,四望皆成画景,确有“飞角高骞,虚檐洞朗,上下天光,影落空际”的诗意。再如江苏苏州怡园的藕香榭,又名锄月轩、荷花厅,依水而建,由杜甫“疏树空云色,茵陈春藕香”而得名。盛夏可自平台赏荷观鱼,美景映入眼帘,别有一种静谧的情趣。无独有偶,《红楼梦》里,惜春的住所也称藕香榭。本文开篇便提到,藕香榭虽建于池中,但四面有窗,左右有曲廊相通,后面有曲折竹桥,与凸碧山庄隔河遥遥相对。

榭中柱上挂有对联:“芙蓉影破归兰桨,菱藕香深写竹桥。”榭以“藕香”命名,除了有菱藕飘香的外在环境,也隐含了惜春超尘拔俗的内心追求,但她终因不奈世态炎凉、人生无常而遁入空门,从而给世人留下了深深的惋惜。苏州拙政园的芙蓉榭,位于东部池畔,坐东面西,显得视野深远。暮春时节,夹岸桃红柳绿,风光怡人;夏天赏荷,清香如缕,因此以“芙蓉”命名。建筑基部半在水中,半接池岸,用石支柱凌空架设于水面上。平台上部为一歇山顶独立建筑,内圈用漏窗、粉墙等作一分隔,外围形成回廊,使环境显得开敞、轻快、幽雅、和谐。

榭被引入北方皇家园林之后,增加了宫室建筑色彩,风格较浑厚,尺度也相应加大。如北京颐和园谐趣园的“洗秋”、“饮绿”水榭,北海“濠濮涧”水榭,河北承德避暑山庄“水心榭”等,都是比较典型的例子。此外在岭南园林中, 由于气候炎热,水面较多,因而创建了以水景为主的“水庭”形式,称为“水厅”、“船厅”,也是水榭的一种形式。

当古建筑的美寄寓在汉字上时,汉字的美也跃然纸上。无论是楚宋玉《招魂》里的“层台累榭”还是夜夜笙歌的舞榭歌台,抑或是“何处生春早”的池榭,每每想到,总让人心驰神往,仿佛看到了千年前舞女的广袖在眼前飘动,也仿佛闻到了那遥远的菡萏之香……

【茅“亭”宿花影】

亭是传统建筑中的一种特色品类，它挺拔婉秀，通透舒展，给人以幽美的视觉感受。它供人休憩、眺望，颇具实用价值。人们聚集亭中，开怀畅叙，倾诉衷肠，亭为他们创设了诗情画意般的场景。有时，亭还能勾起人们的悠思遐想。李白《菩萨蛮》是一首望远怀人的词作。词中写道：“玉阶空伫立，宿鸟归飞急。何处是归程，长亭更短亭。”“归”字、“空”字，都来自一个“愁”字。只见归程，不见归人，愈使人魂牵梦绕。由于这首词将亭与情思挂钩，千百年来亭给人留下了一种哀婉凄美的心理联想。

亭是有柱有顶无墙的建筑物。战国文字作，其下像矗立的亭柱。小篆写作。《说文》：“亭，民所安定也。亭有墙。从高省，丁声。”“亭”字中，“丁”为声符；其余部分为形符，应是“高”字的省略。亭的古代读音声母为“定”，属全浊声母。今吴方言中，“亭”与“定”读音相同，这是古音的延续。

在古人看来，亭是一种较高的建筑。首先，亭本身就相当高；其次，它所处的位置地势也往往较高。如泰山顶亭、苏州沧浪亭、徐州放鹤亭，都建在山顶之上；南岳衡山的半山亭，顾名思义，建于半山位置。有些亭则建在路旁，供行人休憩、乘凉或观景。亭一般是开敞式结构，没有围墙，顶部可分为三角、四角、六角、八角、菱形、梅花、扇形或圆形等形状，纵情展示，美不胜收。艺术风格上，有南北之别。相对而言，北方的亭，如承德避暑山庄的“垂峰落照”，亭檐厚实，翼角平缓，形体端庄；南方的亭，如苏州园林的“荷风四面”，亭檐轻巧，翼角高耸，造型灵秀。

洛阳白居易墓园石

亭具有悠久的发展史。周代的亭并非用于观赏，而是设在边防要塞的小堡垒。《韩非子·七术》：“秦有小亭临境，吴起欲攻之。”《墨子》：“百步一亭，高垣丈四尺，厚四尺，为闺门两扇。”从语境看，当时的亭有墙、门，尚非开敞式。秦汉时期亭的应用范围扩大，为维护社会治安的地方组织所使用。或者说，亭成为一种地方建制。秦法规定，十里一亭，十亭一乡。《史记·高祖

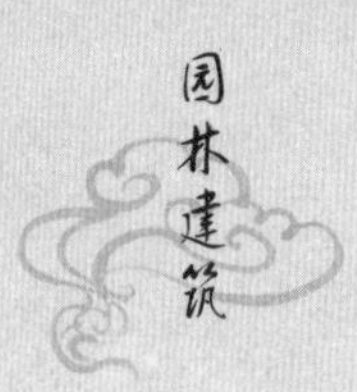

本纪》记载，刘邦在秦时担任过负责民事、治安的泗水亭长一职。他曾送徒咸阳，路斩白蛇。任职期间他广泛结交了萧何、卢绾、王陵等一大批沛县中下层官吏。《汉书》记载，当时亭设亭长，手下有两卒，一是亭父，二是求盗，又称“亭卒”。汉代以后，驿站兴起，“亭”也与驿站建立了意义联系。辞书里有不少词语仍记录了“亭”的这些含义。如：亭寺，驿站小吏办事的地方，见《后汉书·质帝纪》。亭传，驿站，见《后汉书·陈忠传》。亭燧，设亭障，举烽火，作为报警信号。见汉刘歆《遂初赋》。亭徼，边地哨所，见《史记·平准书》。

魏晋以后，作为点景造景之用，建于园林中的亭渐次产生，唐宋后更趋兴盛。是园林中使用最多的建筑。它们作为园林中的“诗眼”，供人休憩之时，揽景会心，往往平添无限诗意。如全国四大名亭之一的苏州沧浪亭，本是五代孙承祐的别墅，北宋诗人苏舜钦收购并建亭。以《孺子歌》“沧浪之水清兮，可以濯我缨”为其命名之义。诗人还在此写下了著名的《沧浪亭记》。此亭后数易其主。明代复建，归有光曾为作记。园林设计以假山为中心，建筑均环山布置。登山小径曲折清幽，路旁林木掩映，翠竹葱郁。沧浪亭翼然挺立，风光绮美，令人陶醉。

醉翁亭

引自《千年醉翁亭，今朝新滁州》，唐珂主编，中国档案出版社，2007年。

醉翁亭，位于安徽滁州西南琅琊山中。宋欧阳修时任滁州太守，常与琅琊寺住持智仙和尚在寺亭饮宴。欧少饮辄醉，年又最长，故自号醉翁，亭便由此得名，欧并写下了著名的《醉翁亭记》。此亭小巧独特，紧靠峻峭的山壁，飞檐凌空挑出，颇有气势。陶然亭，清康熙年间工部郎中江藻建造，或曰其名取自白居易"更待菊黄家酿熟，与君一醉一陶然"之诗句。这座小亭收集了许多名画和书法作品，颇受文人墨客的青睐。

湖心亭在西湖中央，与三潭印月、阮公墩合称"蓬莱三岛"。明代在湖心寺的基础上改亭。在湖心亭极目四眺，湖光尽收眼底，群山如列翠屏，有"湖心平眺"之称。桂林普陀山栖霞亭始建于宋，原名"簪带"，多次重修。游人上下，若穿云步月，感受"天上人间"的意境。碧虚亭宋代原建，现为两层单檐游廊式亭阁。该亭构思精巧，亭阁层叠，具有轻巧灵透的视觉效果。

亭的命名，往往有其内在的依据，揭示出该亭与相关事物的内在联系。这种依据大致有这样几类：

一是纪念先贤以教化后人。如湖南汨罗江畔的独醉亭，为纪念爱国诗人屈原而建。四川绵阳的子云亭，为纪念西汉文学家扬雄而建。有旧亭、新亭各一，旧亭有扬子云读书台。杭州西湖有翠微亭，其"翠微"二字，出自抗金名将岳飞的《池州翠微亭》一诗，该亭是韩世忠为纪念岳飞而重建。浙江绍兴的风雨亭，为纪念清末女革命家秋瑾而建，因烈士就义前曾留下绝笔"秋风秋雨愁煞人"，亭由此得名。亭西旁石柱上有孙中山先生所撰挽联。

二是因名人的诗文传世而经久不衰。如位于绍兴市郊兰渚山下的兰亭，相传越王勾践在此植兰，汉时设驿亭，故名。东晋书法家王羲之曾邀请42位文人雅士在此举行盛会，并写下了著名的《兰亭集序》。醉翁亭，即因欧阳修的《醉翁亭记》而名声大噪。放鹤亭、喜雨亭，因苏轼为之写"记"而被世人传诵。爱晚亭始建于1792年，为清代岳麓书院掌教罗慎斋所创建，原名红叶亭。后来名学者袁枚到访，见“红叶”二字，便摇头说：“此名太俗，可引唐诗‘停车坐爱枫林晚，霜叶红于二月花’之句，取名爱晚亭。”罗慎斋本来以袁枚举止风流，因而轻其为人，但得知他的说法，经仔细琢磨后，感到袁所取亭名确实比原名风雅得多，于是将红叶亭改名为爱晚亭。

三是因名人的史实逸事而得名。如历下亭，地处济南大明湖湖中岛，因南临历山（千佛山）而得名。唐天宝四年（745），诗坛巨匠杜甫与北海太守李邕在此相会，并留下了“海右此亭古，济南名士多”的诗句。苏州沧浪亭，北宋苏舜钦建，他居官时推行新政，后被迫退隐，壮志难酬，遂与沧浪之水为伴。

四是因相关的事物而得名。如清初大诗人王士祯因得罪朝廷被驱逐出朝。返回山东老家新城后，修了一座“夫于亭”，从此专心著述，不问外事。夫于乃春秋齐地名，今为长山县，接近新城。诗人以家乡古地名命亭，表露了叶落归根、返归自然的情怀。《牡丹亭》是明代戏剧家汤显祖的名作，写杜丽娘与柳梦梅在牡丹亭下的爱情故事，呼唤个性解放，一向传为佳话。此亭虽系文学作品所创设，但杜、柳显为名角，算是这一条的特例吧。

“兰亭会”是一个著名的典故。据东晋王羲之《兰亭诗序》：“永和九年，岁在癸丑，暮春之初，会于会稽山阴之兰亭，修禊事也。”王羲之邀集文人骚客41人在兰亭聚会宴咏，水边嬉游采兰，祓除不祥。后人遂用“兰亭宴、兰亭会、兰亭豪逸、山阴游、兰亭修禊”等称高朋聚首，饮宴游乐；或称群贤高会，儒雅风流。

国画大师李可染题匾的快哉亭公园，位于徐州市区。该亭是在唐代阳春亭的旧址上，于北宋熙宁十年（1077），由李邦直主持新建。李氏河北大名人，颇有文名，尤具史才，时任京东提刑使驻节徐州。新亭落成不久，苏轼由密州（山东诸城）调任徐州，李遂邀苏轼为之题名。苏轼见此亭结构宏敞，亭身高耸，暑日登临，清风畅怀，遂以“一点浩然气，千里快哉风”取意，名之曰“快哉亭”。当时文人墨客常常登临赋诗，成为徐州著名的游览胜地。明清两代又多次重修。今日的快哉亭公园，芙蕖映水，杨柳红桥，每当春夏之交，莲荷万柄，清香四溢，游人心旷神怡，不由产生“快哉”之心理愉悦。

长“廊”春雨响

在各类建筑中，廊颇具女性柔美，旖旎而来，只带媚不带妖。廊，小篆作，《说文新附》：“廊，东西序也。从广，郎声。”是一个形声字。义符为广(yān)，指靠着山岩搭建的小屋。《说文》中从广之字均与房屋建筑有关。序，《说文》解释为“东西墙也”，是隔开正堂东西夹室的墙。徐铉的这个解释与今人对廊的理解相去甚远。

廊的较早的意义是正堂四周的廊屋。《广雅·释宫》：“廊，舍也。”《广韵》：“廊，庑也。文颖曰：‘廊，殿下外屋也’。”这种附在主体建筑外侧的小屋叫廊庑。宋人高承《事物纪原》推测廊的起源为“唐虞时事”，而考古发现，这种建筑已在河南二里头夏代文化遗址出现，时代相距不远。宋、明常用廊屋围成封闭院落，而唐则多用走廊形成廊院。一说是指旧时都市中供客商寄存货物的库房。

廊的常见义是连接各栋房屋的有顶的通道，它不仅是建筑物的有机组成部分，而且具有独特的功能。有学者指出，古人在建造园林时，廊常被作为“分隔景区、增加层次、调节疏密、区划空间的重要手段。”（黄震宇等《古建园林赏析》，旅游教育出版社）唐杜牧《阿房宫赋》“廊腰缦回，檐牙高啄。各抱地势，钩心斗角”，描绘了一幅廊随地势蜿蜒多姿的形态，并与其他建筑物互为辉映，各彰其美。从司马相如的《上林赋》可知，汉武帝时代已出现游廊，称为“步櫩”。殿堂檐下的廊，作为室内、外的过渡空间，是构成建筑物造型上虚实变化和韵律感的重要手段。围合庭院的回廊，对庭院空间格局、体量变化起重要作用，并能造成庄重、活泼、开敞、深沉等不同效果。园林中的游廊，起着划分景区，造成多种多样的空间变化，增加景深，引导最佳观赏线路等作用。从实用角度看，廊子还具有遮阳、挡雨、供人小憩等功能。

北京颐和园长廊
引自《中国古建筑与近现代建筑》，卜德清等编著，天津大学出版社，2000年。

在园林建筑中，廊具有连接景点的重要作用，可以把分散的建筑群围成一个有机的整体，还可以把单栋的建筑物串联起来，形成一进进院落，造成或紧凑或疏朗的不同环境气氛。如北京颐和园排云殿，是前山最宏伟的一组宫殿式建筑群，有紫霄、玉华、芳辉、云锦四配殿。慈禧太后曾多次在此度过寿诞。整个建筑由728米长的游廊相接。这里穿花透树，曲折蜿蜒，景色诱人。长廊的天棚、梁柱缀满了色彩绚丽的图画，游人可在饱览湖光山色的同时，欣赏精湛绘画，确为双重享受。颐和园长廊已于1992年被认定为世界最长的长廊，而列入“吉尼斯世界纪录”。再如承德避暑山庄青莲岛上，有著名建筑“烟雨楼”，四周回廊环抱，在此远眺，景色如画。每当细雨霏霏之际，烟云弥漫，别有一番情趣。北海琼岛北端的“延楼”是呈半圆形弧状的双层廊，面对北海主要水面。从湖北岸看过来，这条两层长廊似乎要把琼岛北岸各组建筑都环抱起来连成一体，游廊塔山倒影水里，景色迷人。若从长廊远望五龙亭一带，则天水互映，金碧照影。

廊具有隔景与添景双重功能。园林中的廊，或沿墙垣，或紧贴围墙，或部分向外曲折，这样廊墙之间就隔出了大小、形状不一的小景区。其间常植树点石，布设小景。有的将廊从园中穿过，两面都不倚墙垣，因廊身通透，使园似隔而非隔。这种空廊也常用于分隔水池。廊子低临水面，人行于上，水流其下，有如“浮廊可渡”。有一条较宽的廊沿脊桁砌墙，上设漏窗，外景若隐若现，则称为“复廊”。廊子空透的特点还能增加景物的空间层次。如苏州拙政园波形廊，左右盘错，高低起伏。人行其中，景物变化纷纭，有“步移景异”的效果。

古代还有一种廊院式建筑，在纵轴线上安排主要建筑及相关次要建筑，再用回廊把前后两座建筑连接一起，从而形成“廊院”。这种组合方法，可以产生大小、高低、虚实、明暗的对比效果，还能在回廊上向外眺望，使实际的观赏空间得以扩大。因此自汉代至唐宋，宫殿、祠庙、寺观和较大的住宅常常采用这种布局方式。

廊有“走廊，游廊，回廊，爬山廊，半廊”等种类，又有水陆之分，曲直之别。如走廊，是屋檐下高出地面的走道，或独立的有顶的走道。我国西北地区有“河西走廊”之喻。游廊，穿花渡壑，蜿蜒无尽，是连接两个或几个独立建筑物的走廊。回廊，曲折环绕的走廊。唐人张继《游灵岩》诗：“风满回廊飘坠叶，水流绝涧泛秋花。”廊庑，堂前廊屋。《史记·窦婴传》：“所赐金，陈之廊庑下。军吏过，辄令财取为用，金无入家者。”赞扬了窦婴受赐散财、清廉豪爽的品格。“山廊”指从山墙开门接起的游廊。水廊，最妙者为苏州拙政园之所设，高低起伏，曲折有致。廊还有“单，复，暖，半”的不同类别。单廊，有的两侧开敞；有的一侧有墙，墙上开窗，另一侧开敞。后者多见于唐宋建筑。复廊较宽，中间砌隔墙，形成两条平行的单廊，隔墙上多开门窗。暖廊是带有合扇或槛墙半窗的廊。半廊，依墙而建的半边的廊子。此外，廊还有地域的差别。如南方园林廊体通常较小，开间一般不到一丈，进深一般三至五尺。北方园林之廊尺寸都略大，帝王园囿则更大。廊下一般都设置半栏、半墙或坐槛、美人靠，上安挂落。廊所倚之墙，如果是园内隔墙，则墙面上常常设置漏窗。此外，还有随势而弯，依势而曲的爬山廊以及桥廊、叠落廊、直廊、曲廊、画廊、蕉廊、柳廊等。总之，廊以其形式多样，异彩纷呈，凸显和拓展了园林之美，带给人们极大的精神愉悦与美感享受。

廊以其蜿蜒、修长、优美的姿态吸引了诗人的目光。在唐诗中，关于廊的描写相当多。其中出现频率较高的有“长廊”，突出了廊身姿修长的特点，如王勃的《夜秋长》；“回 (廻) 廊”，点出了廊曲折宛转的形态，如李乂的《奉和幸韦嗣立山庄侍宴应制》；“画廊”，形容廊装饰如画，如元稹的《出门行》。此外还有：古廊 (卢纶《长门怨》)，重廊 (柯崇《宫怨》)，响廊 (齐己《杨柳枝》)，修廊（杜甫《赠蜀僧闾丘师兄》），岩廊（杜甫《入衡州》），空廊（钱起《哭空寂寺玄上人》）等，多角度、多侧面地刻画了廊的美姿，给读者提供了艺术想象的开阔空间。

〖雨霁虹“桥”晚〗

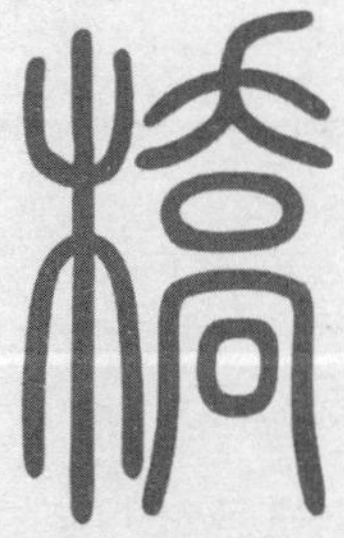

似飞龙卧波，像彩虹飞架，桥，是连接此岸与彼岸的链。无论是宋词的“烟柳画桥，风帘翠幕”，元曲的“小桥流水人家”，民谣的“摇啊摇，摇到外婆桥”，还是毛泽东的名句“一桥飞架南北，天堑变通途”，都告诉人们：桥，除了它的天然使命之外，还能装点江山，诗化自然，沟通和营造情感氛围，始终给人以或柔美或豪壮的各种视觉享受。

日常生活中我们见过各种各样形形色色的桥，有高大宏伟的跨江大桥，有充满现代气息的高架立交桥，还有与流水互映成趣的小桥等等。桥是一种用来跨越障碍的大型构建物。《说文》：“桥，水梁也。从木，乔声。”意思是水中的桥梁。小篆作[小篆]。段玉裁注：“凡独木者曰杠，骈木者曰桥，大而为陂陀者曰桥。”意思是除了独木的之外，其他的都可以称桥。其实段氏所说的“杠”只是一种异称而已，独木的同样也可以称“桥”，人们不是常说“你走你的阳关道，我过我的独木桥”吗？“桥”字从木，说明它在早期的基础材料是树木，至于石桥、铁索桥等，都是后起的产物。桥的声符是“乔”。乔字为高而上曲义，《说文·夭部》：“乔（喬），高而曲也。”《尔雅·释木》：“句如羽乔。下句曰朻，上句曰乔。”生活中的桥总是建得高出地面，且多是斗拱形，那自然就是“高而上曲”了。“乔”字表示高，“桥”字本身也可以表示高，朱骏声《说文通训定声·小部》：“桥，假借为乔。”《诗经·郑风·山有扶苏》“山有桥松”，陆德明释文：“桥，本亦作乔。王云：‘高也。’”桥的同义词有“梁”，也从“木”，《说文·木部》：“梁，水桥也。从木，从水，刅声。”段玉裁注：“梁之字，用木跨水，则今之桥也。”徐锴《说文解字系传》：“（古文）从两木，一，梁之中横象，从水。指事。”由此可见，梁字本来是作桥梁的，先秦时代已经出现。《庄子·盗跖》中讲了一个故事：“尾生与女子期于梁下，女子不来，水至不去，抱柱而死。”这个痴心男子，为了信守跟女子的约定，竟然悲壮而死。此处的梁，指的就是桥。后来语义发展，也表示身体或物体上居中拱起或成弧形的部分，如屋梁，脊梁，鼻梁，山梁等等。而后桥字则多用来表示桥梁。

我国的建桥史可追溯至先秦时代，尽管甲骨文、金文中未见“桥”字，但传世文献中并不缺少关于桥的记载。春秋时人引用《夏令》：“九月除道，十月成梁。”（《国语·周语中》）《诗经·大雅·大明》记载周文王迎亲时曾“亲迎于渭，造舟为桥。”就是把舟船横列起来，用绳索连接，置木板于船面，这就是我国、也是世界上有文字记载的第一座浮桥。春秋战国时代，舟船用于军事征战。《左传》记载，楚武王伐随，死于军中，楚军将领莫敖还开辟道路，并在溠河上修桥，以逼近随国，迫使其媾和。《史记》等书中的“河梁”、“舟梁”、“河桥”都是这一类的桥，也就是浮桥。战国木牍上所说的“九月大除道及坑险，十月为桥”，这种桥的建造则可以用石头或木料建成桥墩。用于军事的还有吊桥或曰索桥，常常建在悬崖峡谷或急流险滩上。我国西南山区地势高险，常建有此类吊桥，如四川泸定桥、都江偃的珠浦桥、云南永平县的霁虹桥，就是其中突出的代表。此外还有梁桥（平桥）和拱桥。由于建筑材料的不同，桥又分为木桥、石桥、砖桥、藤桥、竹桥、铁桥等不同门类。从桥洞数目分，又有单孔、双孔和多孔梁桥。这都彰显了古代劳动人民伟大的创造力。

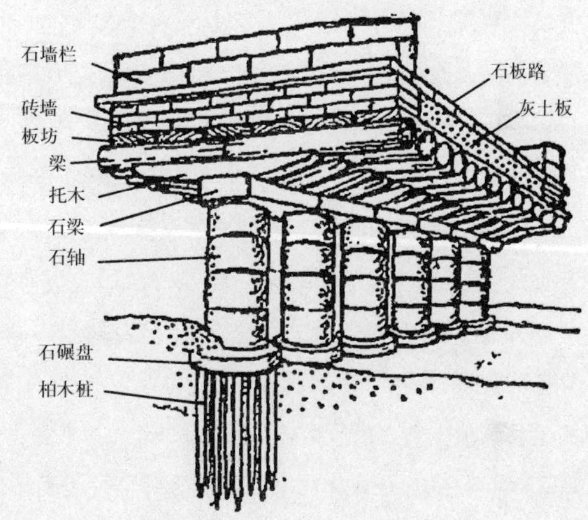

灞桥结构示意图
引自《中国古代建筑》，滕明道，中国青年出版社，1985年。

许多名桥历史悠久，享誉中外，具有重大的文化艺术价值。如位于陕西西安城东的灞桥，据说因秦穆公称霸西戎，将滋水改名灞水并在其上修桥，故灞桥之名，具有“称霸扬威”的意蕴。唐代诗人郑綮，构思敏捷，诗情横溢，人问其故，他说：“诗思在灞桥风雪与驴背上。”于是人们竞相仿效，骑驴于风雪灞桥觅诗成了一时风气。当年灞桥两岸，每到春季，柳絮飞扬，“柳色如烟，柳絮如雪”，游人摩肩接踵。送别东行的人，惯以灞河为界，折柳相赠，故李白《忆秦娥》说：“年年柳色，灞陵伤别”。于是人们又把灞桥叫作“销魂桥”、“折柳桥”。秦汉时在咸阳、长安故城附近的渭河上，曾架设中渭、东渭和西渭

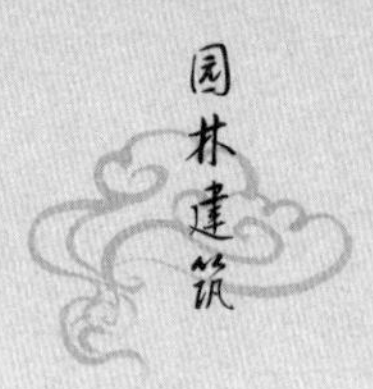

三座梁桥。史载汉文帝出行路经中渭桥，有人突然从桥下跑出来，惊了御马。文帝恼怒之余，要求处死此人。受命审案的廷尉张释之却据理力争，依法判其罚款。此事千百年来被传为佳话。在今四川成都的郫江与检江上有著名的七星桥，史传是秦国蜀郡太守李冰所建。其中一座叫夷里桥，是我国历史上有文字记载的第一座索桥（竹索）。而我国历史上第一座铁索桥是今陕西留坝县寒溪上的“樊河桥”，据传是汉将樊哙所建。北京卢沟桥，造型雄伟，雕刻精美。此桥建于1192年，全长266,5米，是我国北方现存古桥中最长的石拱桥。1937年我国抗日战争的序幕就从这里揭开。颐和园桥的应用更多，且造型多变。著名的有玉带桥、十七孔桥、知鱼桥等，姿态各异，令人叹赏。

我国江南水多桥繁，沿岸修建的石拱桥往往石栏精美，姿态秀丽。或宛若皎月，或玉带浮水，或长虹卧波，各尽其妙。历代文人墨客围绕拱桥谱写了许多名篇名句，催人雅兴。如杜牧的《寄扬州韩绰判官》诗：“二十四桥明月夜，玉人何处教吹箫”，诗情画意，扣人心弦，从此为扬州留下了“月亮城”的美称。宋代诗人冯子振的《西湖梅》诗：“苏老堤边玉一林，六桥风月是知音”。西湖之美，令人神往，那断桥之畔，不是还演绎过一场千年传颂的人蛇之恋吗？陆游的《渔家傲·寄仲高》：“寄语红桥桥下水，扁舟何日寻兄弟？”周邦彦的《满庭芳·夏日溧水无想山作》：“人静乌鸢自乐，小桥外，新绿溅溅”，都写得情景交融，有声有色。

在诗家的笔下，史上名桥如渭桥、灞桥、洛桥、天津桥常被提及。其余的桥则可按类别划分，如按处所分，有江桥、河桥、水桥、溪桥；按季节分，有春桥、秋桥等；按质料分，有石桥、板桥、铁桥等；按姿态分，有飞桥、星桥、斜桥、画桥等。真是千姿百态，异彩纷呈，写尽了桥的建筑之美。例如苏味道的《正月十五日夜》诗：“火树银花合，星桥铁锁开。”此诗描写长安元宵夜灯火辉煌、喜庆热闹的欢乐景象。花灯光辉灿烂，连成一片。护城河桥上点缀着无数灯火，城门开放。李白的《秋登宣城谢朓北楼》诗："两水夹明镜，双桥落彩虹。"此诗写秋日傍晚诗人登楼的所见所闻。宛溪、句溪绕城环合，水平如镜；双桥飞架，有如彩虹。这是对"江城如画"的具体描绘。孟浩然的《舟中晚望》诗："问我今何去，天台访石桥。"这是诗人漫游东南时的旅况之作。石桥位于天台山，下临深渊。《文选》孙绰《游天台山赋》"践莓苔之滑石"注："天台山石桥有莓苔之险。"石桥是富有吸引力的天台名胜，诗人以此相许，传达出神往之情。

有一个著名的典故叫"乌鹊填桥"，讲的是牛郎织女之事。据汉应劭《风俗通》及《荆楚岁时记》等文献，传说牛郎（牵牛，河鼓）、织女分居天河两岸，每年七月七日地上的喜鹊飞到天河填河成桥，使之相会。后遂用"乌鹊填桥、乌鹊成桥、鹊驾银河、鹊桥、星桥"等谓使男女结合，夫妻相聚，也用以咏七夕；用"鹊渚"指银河。

桥在民俗中有时还具有象征意义。在鲁南、徐州、河南等地的汉画像中，胡汉战争图非常多见。胡指的是匈奴。东汉以后，随着人们对升仙的热情不断高涨，部分图像的意义发生变化，胡人被有意刻画为阻拦墓主人西去昆仑升仙的障碍。如山东苍山县向城镇前桃村出土的汉画像，表现墓主人在河伯、雷公、大禹等协助下击败沿途阻碍其升仙之路的胡人，兼有车骑过桥的场景。在这里，桥梁成为沟通两个不同世界的通道。墓主人通过神祇的帮助，穿越胡人守卫的桥梁，实现了由人间向仙界的跨越。又如佛教传说地狱中有"奈河"，河上有桥名"奈河桥"。此桥险窄，恶人魂过时就堕入河中，为虫类所食。《西游记》十一回："时闻鬼哭与狼嚎，血水浑波万丈高。无数牛头并马面，狰狞把守奈河桥。"当劝人行善时，有人会说："不干善事，死了过不了奈河桥。"

日常交际中，人们常常拿"桥"说事儿，且多带诙谐意味。如：牵线搭桥，

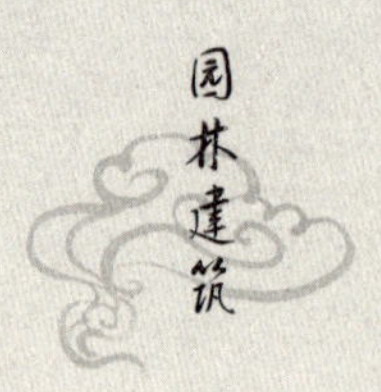

牵线本指耍木偶牵引提线，比喻在背后操纵；搭桥，架桥。合而表示联络双方或多方以达成某种关系。常用于婚介、介绍朋友、商务政务等活动中的人际交往。“桥归桥，路归路”，意指各是各，互不关涉，应明确区分。“你走你的阳关道，我走我的独木桥”，也指互不关涉，用于人际交往，表示各走各的路，具有强烈的“分道扬镳”意味。“老子走过的桥比你走过的路还长”，则是倚老卖老，炫耀自己资历、经验等足以压倒对方。

【画"舫"爽意】

朋友们一定还记得白居易笔下"同是天涯沦落人"的琵琶女，她"大珠小珠落玉盘"的演奏可以说是出神入化，以至于最后使得"东船西舫悄无言，唯见江心秋月白。"无论是东船还是西舫，人人都听得入了迷，演奏虽然结束，而听者却久久地沉浸在音乐的境界里。四周鸦雀无声，只有水中倒映着一轮明月，意境很是寥远。这里，我们要谈一谈"东船西舫"。从诗中上下文可以看到"东船"和"西舫"是近义并且互文的，那么"舫"和"船"到底有什么区别和联系呢？

舫，形声字。从舟，方声。小篆作[小篆字形]。《说文》："舫，船师也。《明堂月令》曰'舫人，习水者。'"船师，熟悉水性的捕鱼人。不过《说文》所说，并非"舫"的本义而是引申义，所以张舜徽《说文约注》说："舫本船之异称，因之船师亦谓之舫。"舫字从舟，说明本义与舟船有关。舫本指竹木筏，后来通指有舱室的船。《尔雅》："舫，舟也。"三国魏王粲《赠蔡子笃》诗："舫舟翩翩，以

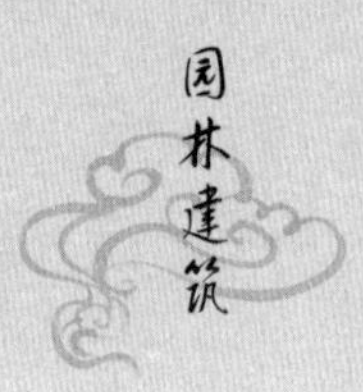

溯大江。"《艺文类聚·吴书》:"陆逊破曹休,当还西陵,公卿并会,为逊祖道。上赐逊御船一舫,缯彩舟梁。"所指都是船。舫又指两船相并。《通俗文》:"连舟曰舫。"《史记·张仪传》:"舫船载卒,一舫载五十人,与三月之食。"索隐:"舫,谓并两船也。"这个意义与声符"方"密切相关。方,甲骨文作,小篆作。《说文》:"方,并船也。"本义是"并船",有时则指竹木编成的筏。《诗经·周南·汉广》:"江之永矣,不可方思。"毛传:"方,泭也。"释文:"孙炎注《尔雅》云:'方木置水为柎栰也。'"方、舫的含义基本一致,证明二者是同源的,或者说,"舫"是"方"的后起字。两船相并称"方舟",见《庄子·山木》。

舫作为"舟船"义的用例,古书多有。《旧唐书·白居易传》:"罢杭州刺史,得天竺石一,华亭鹤二以归,始作西平桥,开环池路。罢苏州刺史时,得太湖石五,白莲折腰青板舫以归,又作中高桥,通三岛。"白居易先后担任过杭州刺史和苏州刺史,多有政绩,百姓称颂。如他亲自领导西湖治理,修建白堤。此处讲到他在苏州时得"白莲折腰青板舫"后,他又修桥,以舫通岛。舫船在唐诗中也多有出现,诗人们从不同角度加以描绘赞美。如:"画舫",刘希夷《江南曲》:"画舫烟中浅,青阳日际微。""花舫",姚合《泛溪》:"曲渚回花舫,生衣卧向风。""行舫",张九龄《自湘水南行》:"落日催行舫,逶迤洲渚间。""驿舫",岑参《送卢郎中除杭州赴任》:"千家窥驿舫,五马饮春湖。""白舫",杜甫《送李八秘书赴杜相公幕》:"青帘白舫益州来,巫峡秋涛天地回。""酒舫",元结《宴湖上亭作》:"远水入帘幕,淅沥吹酒舫。""青雀舫",韩翃《送客归江州》:"客舍不离青雀舫,人家旧在白鸥洲。"

传统建筑中的舫,俗称旱船,是仿照船的造型建在园林水面上,以供游人游乐宴饮、观赏水景之用的建筑物。人们身临其中,颇有一种乘船荡漾的飘然感觉。舫的前半部多三面临水,船首一侧有平桥与岸相连。"通常下部船体用石建,上部船舱则多木构。船舱分前、中、后三部分,中间最矮,后部最高。一般做两层，类似阁的形象，四面开窗，以便远眺。”首尾舱顶为歇山式，轻盈舒展，在水面上形成生动的造型。(夏林根《中国古建筑旅游》，山西教育出版社)

舫一般用石头做建筑材料，故常名为石舫。如颐和园中的石舫，船体用巨大的石块雕造而成。原建于清乾隆年间，有中式木构舱楼。1860年烧毁。光绪十九年(1893)改建为洋式舱楼，易名为清晏舫。从昆明湖看过去，真像是从后湖开来的一条大船。石舫是人们夏日聚会宴饮的场所，临水多凉意，因而颇受游人青睐。同时，也使湖池增添景观，怡人眼目。

北京颐和园石舫
引自《中国古建筑与近现代建筑》，卜德清等编著，天津大学出版社，2000年。

在不同的园林中，舫的形制自会各尽其美，展现不同情趣。如苏州畅园，因园基狭小，仅临水做一座悬山形小亭以仿石舫，亭后设置一面雕屏，“名畅而实未尽”，反而令人遐想。苏州狮子林真趣亭边，池中横一石舫。上下两层，舫上嵌对联一副：“柳絮池塘春晓，藕花风露宵凉。”在怡园画舫斋也有一座石舫，因舱室内器物皆用白石琢成，故名“白石精舍”。明代书画家郑板桥为之题联：“室雅何须大，花香不在多。”河北承德避暑山庄是清代皇帝康熙、乾隆等夏日避暑与处理政务之地。此地背山面湖，风光旖旎，湖边也建有石舫，名为“云帆月舫”。乾隆皇帝题联曰:“疑乘画棹来天上,欲挂云帆入镜中。”(参聂鑫森《触摸古建筑》,湖南美术出版社)。凡此种种,足见画舫不仅可以供游人登临赏景,而且对激发游人的文化情趣、提升其文化素养也发挥了积极作用。

【“园”囿之美】

中国园林是由建筑、山水、花木等组合而成的一个综合艺术品，富有诗情画意，其中还蕴含着深厚的文化历史和浓厚的艺术气息，引得无数中外游人百看不厌。

中国造园有着悠久的历史和高深的造诣，在世界造园史上，它独树一帜，并对东西方造园产生了一定影响，享有“世界园林之母”美誉。《说园》一书中有言：“园之佳者如诗之绝句，词之小令，皆以少胜多，有不尽之意，寥寥几句，弦外之音犹绕梁间。大园总有不周之处，正如长歌慢调，难以一气呵成。”由此可见，中国造园如同创作文学艺术作品，追求美妙、情感和意境。正如著名园林专家陈从周所言：“造园如缀文，千变万化，不究全文气势立意，而仅务辞汇叠砌者，能有佳构乎？文贵乎气，气有阳刚阴柔之分，行文如此，造园又何独不然。”

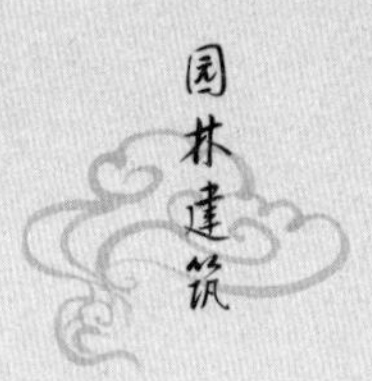

园，繁体作“園”，形声字，从囗，袁声。小篆作。囗，音wei，是一个表示范围的封闭性符号，通俗的说法是“围墙”。因此一提到“园”，人们就会想到是一个用围墙围起来的建筑单位，如果园、幼儿园、校园、公园，等等。

实际上，园的产生经历了一个漫长的历史过程。最早的园林称“囿”，文献记载其出现于殷商时代。囿，甲骨文作。中间四个“木”，像园囿里栽有草木之形。石鼓文、《说文》所收籀文写法十分接近。据说囿是经过选择的山林之地，在里面放养禽兽，设置高台，专供帝王登高瞭望，狩猎游乐。进入周代，园囿里开始搭建宫室建筑，挖掘水池以放养鱼类，供帝王打猎、垂钓、游乐和休憩。《左传·僖公三年》:“齐侯与蔡姬乘舟于囿。”注：“囿，苑也；其中有池，故能荡舟。”到秦汉时代，囿又改称为“苑”。苑字小篆作，是一个从“艸”的字，与甲骨文囿字从“木”意义相通。苑囿随着宫殿的扩建而进一步发展。如汉代长安卫林苑，长300里。除了宫殿台阁之外，也蓄养百兽，广植花木，以适应观赏游乐之需。以上所说，就是今人所说的皇家园林。园、囿、苑三字，古音相近，具有通转关系。宋人高承《事物纪原》说:“《说文》曰：树果曰园。《韩诗外传》曰：黄帝时，凤止帝东园，巢于阿阁。此疑为园名之始也。”可作参考。

六朝时的长期战乱和社会动荡，迫使不少官宦文人避世江湖，寄情山水。有的在住宅周围营造具有自然风貌的小环境，堆筑假山，凿池引水，种植花草，从而形成最初的自然山水园林。与此同时，皇家园林也开始向自然山水园林靠拢。进入唐代，园林又有新的发展。如首都长安城内设有大明宫太液池，堆筑蓬莱仙岛，岸上建宫殿长廊，形成内廷园林区。曲江一带则辟有公共游览区。私家园林也呈繁荣景象。诗人白居易在洛阳所建宅园占地17亩，池中设岛，岛上建亭，亭台楼阁，颇具规模。在洛阳一带，这样的私家园林竟达千家之多。到了宋代，造园风气更为兴盛，地区和规模都有扩大。京城汴梁（今河南开封市）单是帝苑就有9处，其中以宋徽宗时所建艮岳最为著名。深谙艺术的徽宗不仅要求在园里集中展现全国著名的山岳、江湖的形态，而且自然山川中的峰岫、屏障、溪谷、飞瀑等也要惟妙惟肖。为此，官方在苏州设立了负责搜集南方名花异石的专门机构。上有所好，下必甚焉。当时汴梁城内外私家宅园大小不下一百余处，建亭榭，挖池沼，置画舫，一时蔚然成风。到明清两代，造园规模更为扩大，成为园林史上最后的兴盛时期。

拙政园

引自《别有洞天的园林建筑》，谢宇主编，天津科技翻译出版公司，2012年。

从汉字形体的角度看，作为一种表意符号，“园”、“囿”提示了园林的封闭性特点，“囿”“苑”点明了园林具备花草树木的应有条件，已经展示了汉字表现事物特征的内在机制。当然，建筑学的要求则更为全面系统，它提出园林应包含山、水、建筑、植物四要素，通过利用和改造自然环境，或模拟自然环境，营造出一个供人赏游、休憩的优美环境。从类别说，它包括大型园林，如泰山、黄山等自然风景区，普陀山、峨嵋山、五台山、九华山等寺庙园林，颐和园、承德避暑山庄等皇家园林。小型园林则多属私家园林，它们遍布于江浙等南方地区。挖池堆山，广植花木，散置亭台楼阁，成为它们的共同特征。大小园林各具特色，展示出自然和谐之美。如苏州名园拙政园以水为主景，

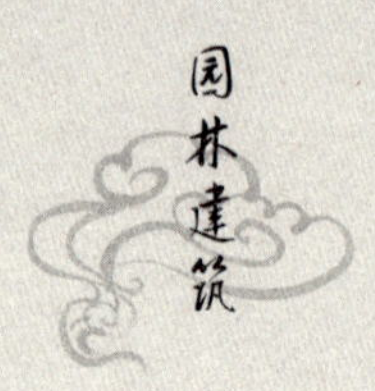

具有淡雅天真的自然风格；留园山池建筑并重，庭院玲珑，亭台华瞻；网师园精巧幽深，有览而不尽之感；沧浪亭苍古清幽，极富山林野趣。千百年来，园林在装点河山、美化生活、陶冶性情诸方面发挥了不容小觑的作用。如清代文学家袁枚辞官后定居江宁，修筑别墅“随园”于小仓山。他闲居随园，赋诗作文，纵情山水，长达40多年之久。也有许多文人通过建造园林，在城市的喧闹中营造隐居氛围，在简朴生活中磨炼道德操守，在“勺园”“壶园”“芥子园”之类小小天地中“志存魏阙”，半亩方园成了他们的精神寄托。

颐和园，可以称得上是皇家园林的代表。原名清漪园。1750年兴建，是乾隆皇帝以庆贺母亲皇太后六十大寿的名义营造的。这里有山（瓮山），有水（瓮山泊），是理想的建园宝地。1764年建成，占地290公顷。清漪园前山前湖区是该园的核心部分。万寿山（原瓮山）坐北面南，前临湖水。山的前坡中央建有一组大报恩延寿寺建筑群。佛香阁高近40米，金碧辉煌，为整座园林的风景中心。万寿山前面是水面辽阔的昆明湖，湖面仿西湖建一道西堤。三个小岛，象征着东海中蓬莱、瀛洲、方丈三座神山。沿着湖滨728米的长廊漫步，既可欣赏湖光山色，又能观望万寿山麓的座座园式建筑，真是美不胜收。1860年清漪园惨遭八国联军的严重毁坏。1888年慈禧太后下令重修，并改名为颐和园，寄托了祈盼安定和平之意。

私家园林主要分布在我国江南一带。南宋定都临安（今浙江杭州）后，大批官吏士绅赶往苏杭等地，购买宅地，兴建园林。明清后又有新的发展。这些园林布局上尽量采取曲折多变手法，表现出各具特色的景点式样。在设计上善于使用概括提炼手法再现自然山水，所谓师法自然。总之，私家园林追求平和宁静气氛，讲究风格的清雅别致，尽力营造出远离喧嚣的世外桃源境界。苏州的拙政园、狮子林、网师园，都是这类园林的杰出代表。而怡园在苏州园林中建得最晚，却能博采众家之长，如复廊取沧浪亭部分格局，假山洞壑有狮子林之趣，荷花池与网师园相仿佛，旱船效法拙政园的香洲等，千姿百态，美轮美奂。

有一个典故叫"梁园宴雪"。梁园即兔园，又名兔苑，汉梁孝王刘武所建，故址在今河南商丘县东。为梁孝王游赏和延宾之所，或曰私人园囿。当时名士邹阳、枚乘、司马相如等皆为其座上客。据南朝宋谢惠连《雪赋》，梁孝王常在梁园与文坛名流宴集赏雪，吟诗作赋。后人遂用"梁园宴、梁园赋、梁苑雪、兔园雪"等写文人宴集赏雪，吟咏歌赋。

鉴赏园林之美，享受生活的乐趣，是文人雅士的一贯追求，从而也给我们留下了美丽的华章。如宋人晏殊的《浣溪沙》："无可奈何花落去，似曾相识燕归来。小园香径独徘徊。"欧阳修的《阮郎归》："南园春半踏青时，风和闻马嘶。"苏轼的《水龙吟》："不恨此花飞尽，恨西园，落红难缀。"这些词作，充满了美妙的想象，艺术刻画细腻，情调幽怨缠绵，也带有时代的精神印记。

礼制建筑

【宗“庙”之尊】

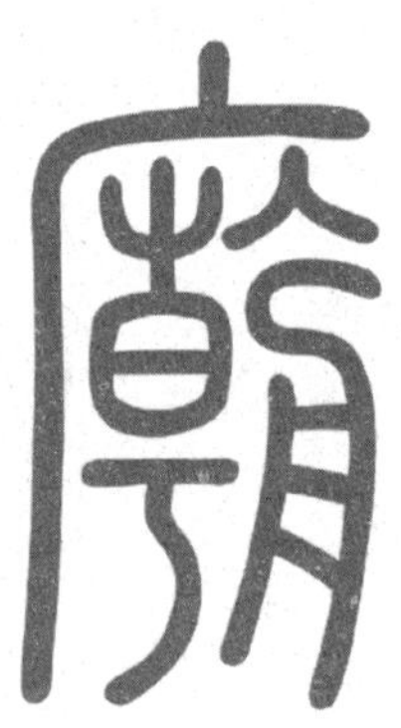

庙是指主要用于供祀祖先、圣贤、山川的屋宇建筑。庙内所祭祀的对象往往被认为是“神灵”，因此倍受人尊敬。古时对庙的规格有着严格的等级限制，《礼记》中说：“天子七庙，诸侯五庙，大夫三庙，士一庙，庶人祭于寝。”汉代以后，庙逐渐与原始的神社融合在一起，转变为阴曹地府控辖江山河渎、地望城池之神社。

庙，繁体作廟。《说文》：“廟，尊先祖皃也。从广，朝声。”本义是“祖庙，设置先祖牌位以供祭祀的地方。”从“广”，表明与房屋建筑有关。朝，除了用作声符，也有人认为隐含“朝廷”之义，意为宗庙与朝廷有关。庙，铭文作、、、、、等形体，都奠定了“从广，朝声”的构形基础。中山王壶作，将“朝”声改为“苗”声，又为后来简化字的制定提供了参考。小篆则作。《释名·释宫室》：“庙，貌也。先祖形貌所在也。”有学者认为，金文中“朝”“庙”所从不作舟，而像潮汐浪涛形。潮汐是月圆所引起的，西周初已认识到这种天象。此可资一说。金文中庙则指祭祖场所，如《吴方彝》：“王各（格）庙。”

前贤对庙表示“祖庙”提供了不少材料。清段玉裁《说文解字注》：“古者庙以祀先祖，凡神不为庙也。为神立庙者，始三代之后。”对庙的初义作了进一步的论定。朱骏声《说文通训定声》则对周代宗庙的建制作了概括的诠释：“周制天子七庙，太祖四亲之外，有文武世宗二祧也。诸侯五庙，大夫三庙，士一庙。其制，太祖庙在中，昭东穆西，皆别为宫院。”尊卑等级，可谓界限分明。古代对祖庙要定期举行祭祀朝拜，以表达崇敬缅怀之意。《诗经·周颂·清庙》：“於穆清庙，肃雝显相。”这是周王祭祀宗庙祖先时所唱的歌，赞美了宗庙的华美清静，助祭的庄严和顺。据司马迁《史记》记载，尧舜时代就有了祖庙。《史记》中还对西周时期的宗庙如太上皇庙、高祖庙等都作了记录（赵安启等《史记与中国古代建筑文化》，陕西人民教育出版社）因此古人说：“宗，尊也；庙，貌也，先祖形貌所在也。”几千年来，太庙、宗祠、文庙、武庙，举国庙宇林立，张扬的是宗法礼教，强化的是重血统、敬祖先、明尊卑的社会思想观念。

北京天安门左侧的太庙，今劳动人民文化宫，是传统的院落式建筑群。主要建筑是位于北半部中轴线上的前、中、后三座宫殿。整座太庙占地16.5万平方米。正中为太和正殿，原为九间，清代改为十一间。它与太和殿同属一级，为重檐庑殿顶，周围也有三重汉白玉台基。正殿主要梁柱外包沉香木，其余构件均为名贵的金丝楠木。这种规格在紫禁城内也只有前朝三大殿一处，由此可见太庙地位的重要了。

关于“太庙”有个典故。唐韩愈《寄崔二十六立之》诗：“孤豚眠粪壤，不慕太庙牺。”作者用《庄子》中的故事表示不羡慕命运凶险的显宦生活。

这就是唐诗典故“太庙牺”的出处。太庙牺即上供于天子祖庙的牺牛，在宰杀之前，待遇很好，但很快就要被宰杀。庄子曾用以比喻做官，谓高官厚禄之人不过是君王的牺牲品。

太庙
引自《艺术天堂的寺庙建筑》，谢宇主编，天津科技翻译出版公司，2012年。

汉代以后，庙逐渐与原始的神社混合，从“祖庙”引申为供奉神佛或历史传说人物的建筑。如：文庙——孔子庙，武庙——关羽庙。孔庙是此类纪念性建筑中影响最大的。孔子作为古代一位大思想家、教育家，儒家学派的创始人，万世师表，历代备受尊崇，因而各地设庙以祭，使孔庙成为浸透了儒学精神的文化建筑。孔庙也称文庙，是分布最广、规模和形制多样的宗庙。孔子故宅山东曲阜的孔庙是全国规模最大的，占地3.27万平方米，房屋460多间。主要建筑为大成殿，殿前月台是举行祭祀仪式之处。殿前杏坛为孔子讲学处。各地也仿建了许多孔庙或文庙。泰山岱庙，是历代帝王举行封禅大典和祭祀泰山神之处。历史年代久远，庙宇黄瓦朱甍，古柏参天。“封禅”指筑土为坛祭天，祭祀五岳之首的泰山，表示“受命于天”。秦始皇、汉武帝、唐高宗、宋真宗等都曾率臣来此作过封禅。这一类神庙建筑还有纪念诸葛亮、关羽的武庙或关帝庙，四川灌县纪念李冰父子治水功德的二王庙，湖南永州纪念柳宗元的柳子庙，浙江杭州纪念岳飞的岳庙等。其中关羽家乡山西解县的关帝庙，占地16万余平方米，人称“小故宫”，创建于隋开皇九年（589）。庙内古柏苍翠，建筑雄伟，是现存全国最大的武庙。

湄洲妈祖庙太子殿原貌

引自《全像妈祖》，马书田、马书侠著，江西美术出版社，2006年。

神庙的设置适应了人们神灵崇拜的心理需求。如关公庙敬奉关羽，关公忠义刚烈，被称为“武圣”，是各行业的保护神和江湖帮派的精神纽带。土地庙，包括土谷神、地域保护神，每年二月二举行祭祀活动。妈祖庙，所祭女神，台湾地区称“天上圣母”，山东、辽宁称“海神娘娘”。泰山庙，祭祀碧霞元君，又叫“泰山娘娘”，传说中是主管收成、旅行、婚姻的神灵。此外，各地还广泛建有城隍庙。城隍是古代神话传说中的城市守护神。古代建国，范土为城，依城凿池为隍。《三礼图考》中的“水庸”即沟渠之神，即今城隍之源。

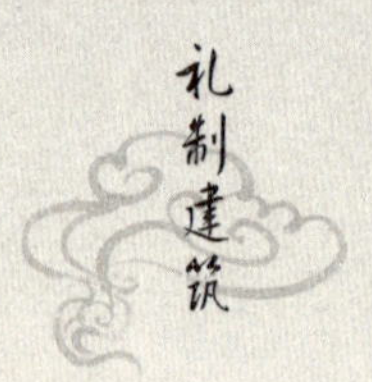

后又扩大到祭祀清官、功臣等。旧时常在农历五月间举行城隍会，由专人用神舆抬城隍巡行，“牛头马面”、判官小鬼随行其后，以示惩恶劝善。我国现存的著名城隍庙建筑，散见于苏州、西安、郑州等地。

作为神庙，还有其他的称说，如“寿宫”。《楚辞·九歌·云中君》：“蹇将憺兮寿宫，与日月兮齐光。”王逸注：“寿宫，供神之处也。祠祀皆欲得寿，故名为寿宫。”《史记·孝武纪》：“置寿宫神君，又置寿宫北宫。”正义：“《汉书》云武帝寿宫以处神君。”称神庙为“宫”的，如山西芮城吕洞宾的诞生地，乡人先建吕公祠，后扩充为道观，改名为“永乐宫”。其纯阳殿内供奉吕洞宾，四壁布满壁画，为研究道教发展史的重要资料。

庙又是“朝廷”的代称。《商君书·战法》：“若其政出庙算者，将贤亦胜，将不如亦胜。”清朱骏声《说文通训定声》：“古者行礼必于庙……凡国功曰庙算、庙谟也。”庙算、庙谟、庙略、庙策、庙谋，都指朝廷对国家大事的谋略。“庙堂”本指宗庙明堂，因古代帝王遇到大事都要告于宗庙，议于明堂，因此古人遂以“庙堂”指朝廷。《吕氏春秋·召类》：“夫脩之于庙堂之上，而折冲乎千里之外者，其司城子罕之谓乎！”范仲淹《岳阳楼记》：“居庙堂之高，则忧其民。”“庙堂”亦指朝廷。

与丧葬、祭祀相联系，“庙”还有其他引申义。如“葬前安置灵柩的屋宇”。《尚书·顾命》：“诸侯出庙门矣。”孔安国传：“殡之所处，故曰庙。”《礼记·杂记上》：“至于庙门。”郑玄注：“庙，所殡宫。”庙又表示“已死皇帝的代称”，如：庙号、庙讳。《后汉书·孝明帝纪》：“有司奏上尊庙为世祖。”庙还可以指“木主，神主”，《荀子·强国》：“负三王之庙而辟于陈蔡之间。”杨倞注：“庙，主也。”这些引申义跟“庙”表示放置祖宗牌位以表祭祀都具有或隐或显的意义联系。

【宫“观”之制】

“东临碣石，以观沧海。水何澹澹，山岛竦峙。树木丛生，百草丰茂。秋风萧瑟，洪波涌起。”曹操一观沧海，感喟山岛高耸、草木丰茂、洪波汹涌，借以抒发其吞吐日月之霸气。观者，不只是眼中有物，更有一种内心之意与之相伴。

观，繁体作“觀”。小篆作觀，《说文》：“諦视也。从见，雚声。”表示“仔细看”。汉语中表示“看视”义的动词很多，如看、视、瞻、望、眺、察等等。那么，观的特点是什么呢？第一，字既从“见”，就点明了观的对象物是客观存在的，如“观光”、“观摩”。它不像“看”，看是看了，对象物却不一定存在。换句话说，“看”是只讲过程，不讲结果。“观”则既讲过程，也讲结果。同样，它也不像“视”，只是做了看的动作，但也可能“视而不见”。所以观必须有对象物，必须有结果。第二，观是有目的地看，而且看得比较仔细。如“观察”、“观瞻”、“参观”。看到的景象也叫“观”，如“奇观”、“大观”。对事物的认识也叫“观”，如“观点”、“观念”等。

观是个多音字，有平声、去声两种读音。读去声时，可以指一种建筑物，又名阙，即古代宫廷两旁的望楼。《礼记·礼运》记载，有一次，孔子作为宾客参加鲁国的蜡祭之后，“出游于观之上”，并发出了一声长叹。从与学生子游的交谈中得知，他慨叹当时鲁国的礼坏乐崩，向慕往古的大同社会，强调推行礼乐治国安邦的重要性。此处的观，就指宫阙两旁的望楼。《三辅黄图》曰：“阙，观也。周置两观以表宫门，其上可居，登上可以远观，故谓之观”，观可以供人远望。《白虎通》“上悬法象，其状巍巍然高大，古文谓之象魏。使人观之，谓之观也”，观可以供人观赏大自然。可见，这一时期观主要还是一种普通建筑，未带有宗教性质。宋人高承《事物纪原》引《黄帝内传》：“帝置元始真容于高观之上观之”，推测观起源于黄帝时代。他还指出“周有两观”，“今俗谓之垛楼，盖周制也”，都有一定的参考价值。

观
杨灵盟绘

后来，观成为道教活动的场所，随着道教的传播与发展，观逐渐成为道教建筑物的专门称谓。我们现在一提到观，就会联想到道教。原始道教重在“求仙”，帝王和方士祈求达到人神沟通的境界，而观在古代作为一种可以观“法象”的高大建筑物，历来被认为可以上通天神，如《列子》曰：“岱舆山上台观，皆金玉，仙圣飞相来往。”因此，观就成为道教修行的主要场所。“宫观”一词大概最早见于《史记》。《史记·封禅书》记载，武帝为见仙人，听从方士公孙卿建议，命“郡国各除道，缮治宫观名山神治所，以望幸矣”。“于是上令长安作飞廉桂观，甘泉则作延寿观。”当时只有皇家居所可以成为“宫”，观由皇帝敕令而建，故“观”与“宫”连用。东汉以后，道教的信条有所变更，由“求仙”发展到“修仙”，固定的活动场所成为道教的必备之物。东汉时，道教活动场所主要有“治”、“靖”、“庐”、“静室”、“茅室”等，后世统称为宫观，其实是成熟道教宫观的雏形。魏晋南北朝时期，道教兴盛，宫观随之也发展到稳定、成熟时期。《魏志》曰：“明帝置崇文观，徵善属文者以充之。”陆机《洛阳地记》曰：“宫中有临高，陵云，宣曲，广望，阆风，万世，修龄，总章，听讼，凡九观，皆高十六七丈，以云母著窗里，日曜之，炜炜有光辉。”华延俊《洛阳记》曰：“洛阳城十八观，皆施玄槛铁笼，疏云母幌。”足见观之数量繁多、规模宏大、修饰华丽。还有一种说法，认为观是天文学家观察星象的天文观察台。《广博物志》载汉武帝在甘泉造延寿观。据传最早住进皇家观中的道士是汉代的汪仲都，他因治好了汉元帝的顽疾而被引进宫内的“昆明观”。其后道教徒为表达感激皇恩，于是把道教建筑定称为“观”。文献记载，我国现存最古老也是保存最完整的道教宫观，是山西永乐宫，建于元中统三年(1262)。

关于“观”的产生，还有其他的说法。如宋人高承在《事物纪原》中说：“道观：周穆王尚神仙，召尹轨杜冲居终南山尹真人草楼之所，因号楼观，盖道观之初也。《黄帝内传》：‘西王母授帝白玉元始真容，置于高观之上，时人谓之道观。名观之义，疑取诸此。隋炀帝改为玄坛，后复曰观。’”注：“《续事始》云‘宋废国学，置总明观。’疑自是以来，道家者流拟之，以名其所居也。”其中既有传说，也有史料，还有作者评议，似可聊备一说。

以“白云”冠名的道观在全国有多处，当以北京西直门外的白云观最为著名，有“道教全真第一丛林”之誉。唐玄宗为“斋心敬道”奉祀老子所建，初名天长观。改名“白云”，除表明道观之高，似又寓含亲近自然，逐梦仙界之义。今存观宇为清康熙四十五年（1706）重修，有彩绘牌楼、山门、邱祖殿、灵官殿、玉皇殿等，建筑分东、中、西三路及后花园，规模宏大，布局紧凑。邱祖殿为主要殿堂，内供邱处机塑像，塑像下埋有邱处机遗骨。

紫阳观，一在江苏句容、金坛之间的茅山，传为晋时许询旧宅。原名臣洞云庵，元代起称为紫阳观，为道教七十二福地之一。另一处在湖北。旧题梁任昉《述异记》说：“成阳山中有神农鞭药处。一名神农原药草山。山上紫阳观，世传神农于此辨百药。”另外辽宁丹东凤凰山有紫阳观道院。传说有仙人名“紫阳子”，住武夷山，由此可知紫阳道观得名中追慕仙人的心理期待。

玄妙观，也是闻名全国的道观，苏州、泉州、荆州、庐山等地都有。玄妙，盖取意幽微深奥，与道教高深幽远的教义正相契合。如苏州玄妙观，史载创建于西晋咸宁二年（276），有殿宇30余座，其规模居全国之首。现有山门、三清殿、

玄妙观

引自《苏州玄妙观》，董寿祺、薄建华编著，中国旅游出版社，2005年。

弥罗宝阁等。明代所建的棂星门七层四柱，供人观望星宿。观内保存历代古碑甚夥，其老君像石刻，有唐吴道子绘像、唐玄宗题赞、颜真卿书，国内罕见，弥足珍贵。1982年该观三清殿被列为全国文物保护单位之一。

在历史积淀下，观的涵义日渐丰富，成为诗歌中寄兴的一个物象，唐诗中有不少有关观的描写。如张九龄《登古阳云台》："色荒神女至，魂荡宫观启。"王勃《始平晚息》："观阙长安近，江山蜀路赊。"都写出了对观的向往和赞美。刘禹锡曾作过两首有关玄都观的诗，成为历史的佳话。第一首诗作于刘禹锡从朗州调回京都时，"紫陌红尘拂面来，无人不道看花回。玄都观里桃千树，尽是刘郎去后栽"，诗人借千树桃花讥刺了那些投机钻营的权贵和趋炎附势之辈，因此背负上"诗语讥忿"的罪名，于是再次遭遇贬谪。十四年后，当他再次回长安任职时，写下了《再游玄都观》："百亩庭中半是苔，桃花净尽菜花开。种桃道士归何处？前度刘郎今又来。"此诗描写与之前全然不同之景，表达忠贞不变之志。两首诗不仅蕴含着诗人顽强斗争、不畏权贵的高洁品行，也反映出观之衰败、唐朝之倾颓。十四年前是"桃千树"，桃花盛开，大好风光，十四年后则观里一半是青苔，只剩些菜花摇曳于风中，一座观诉说了一个朝代的繁华兴盛与萧条衰败。

〖苍苍竹林“寺”〗

在人们的心目中，寺，或曰寺庙、寺院，都是佛教人士的活动场所。自东汉末年从印度传入我国，经过魏晋时期的发展，佛教到南北朝时期形成了一个高峰。南朝梁大兴佛教，极盛时拥有佛寺五百多所。唐代诗人杜牧的《江南春绝句》曾生动地描述了江南水乡风光旖旎、佛寺林立的盛况：“千里莺啼绿映红，水村山郭酒旗风。南朝四百八十寺，多少楼台烟雨中。”在描写江南四季如春的美景之后，诗人又特意选取富有江南色彩的历史陈迹—南朝佛寺，写其烟雨迷濛中的景象，既突出了江南的气候特点，又营造出朦胧迷离的意境。唐代诗人描写南朝佛寺之多的相当不少，如耿湋的《赠隐公》：“东海经长在，南朝寺最多。”李建勋的《春日东山正堂作》：“蜀马登山稳，南朝古寺多。”史料记载，终梁朝一代，共建佛2800多所，僧尼8万多人，数量相当惊人。

实际上，作为佛教建筑和僧尼的活动场所，这是“寺”的后起义。它的古义是“奄人”即内侍。如《诗经·大雅·瞻卬》:“匪教匪诲,时惟妇寺。”另一较早的常用义是“官署,官舍”。《说文》:“寺,廷也。有法度也。从寸,之声。”意即官府,讲法制的地方。此字金文作，小篆作。林义光《文源》分析为“从寸,从之”,合而表示“持”。段玉裁指出:“言法度字多从寸。”“寸”的本义是“寸口”,即人手腕下一寸之处。常表示长度单位。人们常说:“量量尺寸”,“拿捏分寸”。字符“寸”正好契合了“寺”作为官署,讲法制、法度的深层含义。“三公九卿”建制于西汉,公、卿的官署分别称为“府”、“寺”,故有“三府九寺”之说。古代的大理寺,掌管刑狱;太常寺,掌管礼乐郊庙社稷;鸿胪寺,掌管朝贺庆吊之礼,相当于今天的礼宾司。寺,古音为“邪母之韵”。邪母为全浊音声母,今吴语、湘语中仍保留全浊音读法。

寺从官署转义为佛寺,偶然中透露着必然。史载东汉明帝十年(67),天竺(即今印度)僧人摄摩腾、竺法兰等以白马驮佛教经像东来洛阳,负责接待外宾的官署鸿胪寺为其临时安顿之所。为了给他们提供礼佛、译经和传法的固定场所,第二年汉明帝下诏,在洛阳雍关西为他们另建住处(一说将鸿胪寺改建),因为是白马驮经,所以称为“白马寺”。“寺”的称名和“级别”仍然保留,但内涵起了变化。从此寺就成为供佛藏经之所。因梵语以“僧伽蓝摩”称“寺”,故北魏时人们一度称寺为“伽蓝”,(如扬衒之《洛阳伽蓝记》),至唐又恢复“寺”称。寺的兴起与国运、民运密切相关。十六国之后,我国陷入三百年分裂动荡,人民苦难深重。佛教以宣扬救苦度世的伟力和因果报应之说吸引人心,因而造佛像、建佛寺成为一时之盛。在我国历史上,人们曾运用音译、意译,或假借、隐喻之法,使佛寺有“招提、兰若、伽蓝、精舍、道场、禅林、神庙”等种种异称,而“寺、庙”最终积淀成为通称。

古代稍具规模的佛寺,都是建筑群体的组合。其格局以佛殿为中心,纵轴式排列,左右对称。钟楼、天王殿、观音阁、罗汉堂、大雄宝殿、藏经阁等为常见

建筑。多座建筑物之间通常有庭院，花木扶疏，清静肃穆，寄寓了与俗世隔绝、了无红尘之意。“寺庙的群体布置大都具有这样的特点：首先，建筑群都有明显的中轴线，寺庙的主要殿堂坐落在全寺中央的主轴线上”，如山门、天王殿等；“其次，寺庙的次要建筑排列在中轴线的两侧”，如钟鼓楼、禅房等（楼庆西《中国传统建筑》，五洲传播出版社，2001）北京潭柘寺，有左、中、右三条轴线，其庭院也依次布列在三条轴线上。

悬空寺

引自《中国古代建筑》，清华大学建筑系编，清华大学出版社，1985年。

国内较著名的佛寺，依建寺的历史年代早晚而论，主要有：前已提及的白马寺，建于东汉永平十一年(68)。保国寺，在浙江宁波，始建于东汉，唐代重建。

潭柘寺，在北京西郊门头沟。始建于西晋时期。初名嘉福寺，因寺后有龙潭，山上有柘树，故俗称潭柘寺。佛光寺，山西五台县北有佛光寺，始建于北魏孝文帝时期。寒山寺，在苏州阊门外枫桥镇，始建于南朝梁天监年间。相传唐代僧人寒山曾在此住持，故改今名。由唐代诗人张继的《枫桥夜泊》诗而享誉中外。寺庙夜半敲钟之俗，唐宋已有。今寒山寺钟乃清光绪年间重铸。少林寺，在河南登封少室山北麓，始建于北魏太和十九年(495)。印度僧人达摩在此首创禅宗，成为禅宗的祖庭。唐初，少林和尚助秦王李世民作战有功，从此僧人经常习武，创少林派拳术，于是禅宗和拳术名传天下。河南开封有“大相国寺”，始建于北齐天宝年间，唐睿宗时重建。历史上，印度、日本等国高僧均曾来访，在中外佛教交往史上占有重要地位。隋唐后建筑的佛寺主要有：北京云居寺，河北隆兴寺，天津独乐寺，上海龙华寺，广州开元寺，北京碧云寺，河北承德避暑山庄的普乐寺、普宁寺等。

灵隐寺山门

引自《西湖景观美学与佛学》，徐承著，团结出版社，2010年。

寺与塔关系密切，不少塔建于寺内，使佛教建筑景上添景，相得益彰。名

称则定为“寺塔”。例如开元寺塔在河北定县，塔高84米，为国内的最高砖塔。又名“瞭敌塔”。祐国寺塔在开封市东北，塔身上塑力士、飞天、花卉等几十种图案，工艺精美，为砖雕中杰作。嵩岳塔在河南登封，距今已一千四百余年，整个宝塔轮廓呈抛物线形，外形异常美观，是古建筑中的杰作。又如镇江金山寺的慈寿塔、甘露寺的多景楼等。既是人们登高远眺的绝好观景处，又是寺庙的重要标志，是园内的重要景观，具有极强的吸引力。

河北开元寺塔

引自《图书中国建筑史》，李希凡主编，浙江教育出版社，2001年。

灵隐寺的来历具有传说性质。它又名云林禅寺，坐落在杭州西湖西北部的灵隐山麓。前临冷泉，面对飞来峰，是我国佛教禅宗十刹之一。据说，东晋咸和初年，有一个叫慧理的印度僧人来到中国云游。一天，他在西湖看到飞来峰，竟误认为是印度的一座山头，并感慨地说："此天竺（古印度国名）灵鹫山之小岭，不知何年飞来？佛在世日，多为仙灵所隐。"这番话很快传开，人们便在飞来峰（即灵鹫峰）对面建寺，从慧理的话中提炼出"灵隐"二字，为其命名。

在徐州历史名胜戏马台上，有一座台头寺，为南朝宋武帝刘裕所建。刘裕，是刘邦异母弟刘交的后代。他参加"北府军"，勇悍善战，屡立战功，被封为宋王。为了保卫东晋，他积极策划北伐，并在彭城（今徐州）设立指挥中心。这里既是他的故乡，又是其从事北伐的基地。刘裕在增固城墙，疏通汴水，作军事准备的同时，也在当年项羽操练士兵的戏马台东侧，建起了台头寺。台头寺规模宏大壮丽，中间为正庙，东为聚奎堂，西为汉寿亭侯（关羽）庙。刘裕曾在此大宴群僚，诗人谢灵运、谢瞻等都与会并赋诗。台头寺也成了历代诗人吟咏的古迹。苏轼任徐州太守时，也钟情台头寺，曾多次游览，雨中、月夜、送别、伴游，留下了许多美好的诗篇。

〖“塔”影挂清汉〗

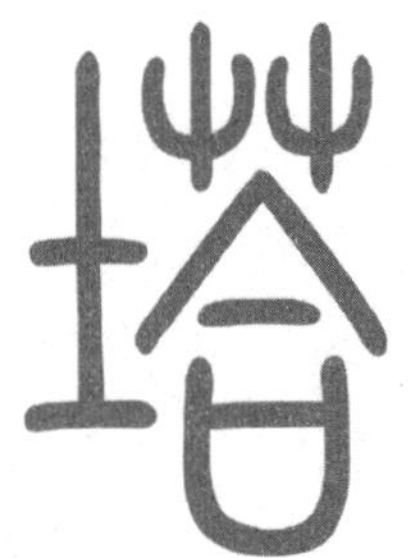

塔是引进的印度佛教建筑。传说佛教创始人释迦牟尼因年老病死，当弟子火化他的遗体时，发现许多晶莹光润的珠子，即舍利子。弟子们在多处修筑起一座座半圆形覆盆式的坟墓，将舍利子埋藏其中，又在墓顶加上伞状或竿状的装饰，称为“窣堵波（STUPA）”，据说这就是雏形的塔。汉字中本无“塔”字，由于印度的塔是用于埋葬舍利子和佛骨的，有坟冢之义，因而采用“土”字作形旁。再根据“佛”字的梵语读音，配上一个“荅”（da）字。荅本指小豆，这里借其音作声符。宋徐铉《说文新附》：“塔，西域浮图也。”小篆作塔。王玉澍拈字：“塔字诸书所无，惟见于葛洪《字苑》，是晋以前尚无此字也。”我国文献曾将这种建筑物音译为“塔婆”、“佛图”、“浮图”、“浮屠”，意译为“方坟”、“圆冢”。魏晋是佛教在我国广泛传播的时期，“塔”这个半音半意式译音字的创制，大大适应了佛教传播的需要，可见塔字的产生，正是中外文化借鉴与融合的反映。塔字古音为“透母缉韵”，入声字。今江淮话、吴语、粤语、客家话中仍读入声调。

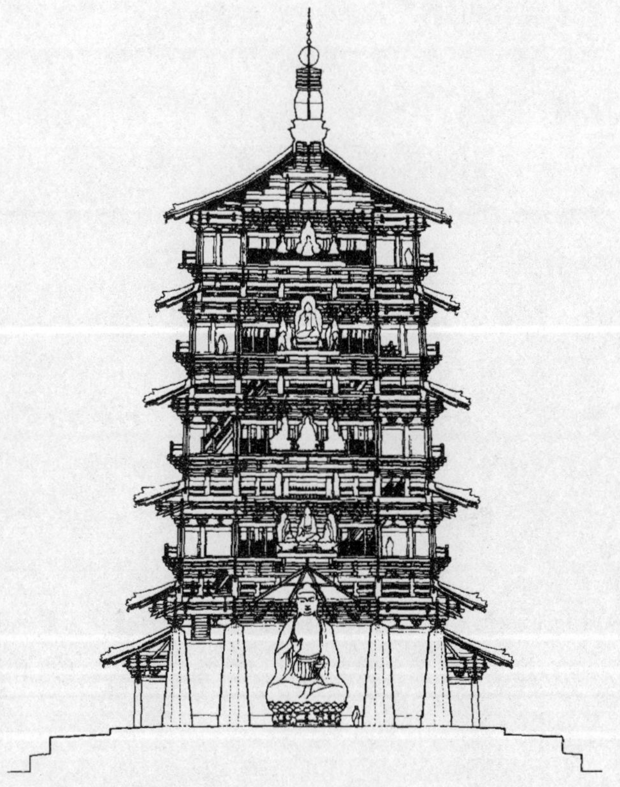

佛宫寺释迦塔剖面图

引自《中国古代建筑》，唐晓军，师彦灵著，敦煌文艺出版社，2004年。

中国文化具有开放的胸襟，善于接受外来文化，取其所长，为我所用，并有所出新。塔本用于放置舍利与佛骨，后演变成表示对佛祖信仰和虔诚的纪念性的佛教建筑。最初的佛寺建筑沿袭印度式样，以塔为中心建寺，一般呈前塔后寺格局。唐代后塔开始置于殿侧，或另建塔院。塔的原始造型，为方基、覆钵、

尖顶，分别象征佛的方袍、佛钵和锡杖。后来逐渐演变成由台基、栏楯、覆钵、祭坛等部分组成。特别是出现了楼阁式的多层木架构建筑，形成了具有中国特色的佛塔。原来的窣堵波则缩小而安置于塔顶，称为"刹"。从汉画像石上可以看出，这种中国式佛塔，是以开敞的楼阁为基础，楼内楼外空间流通渗透，每一层都设有走廊，供人登临观景；然后将窣堵波置放在楼阁顶上，从而将佛塔建造得高大巍峨。从形制看，早期的木塔平面多为四方形，六角形、八角形的相当少见，直到唐代都是如此。但入宋之后，六角形、八角形塔很快取代了方形塔这主要是因为抗震的需要及材料的变化造成的。(见黄震宇等《古建园林赏析》，旅游教育出版社)

楼阁式佛塔皆为木结构。文献表明，山西应县的佛宫寺释迦塔是我国现存最早的木塔，建于公元1056年。此塔近千年来经受了多次地震，但依然巍然屹立。为避免火灾雷击，后来又产生了砖木混合结构的楼阁式建筑。以砖石筑造塔的中心部分，外观仍保持木结构风貌，这样即使遇到火灾，也只是外部受损。著名的有建于977年的上海龙华寺塔，建于961年的苏州云岩寺塔。云岩寺塔外檐已被烧毁，塔心出现倾斜，但依然是苏州名胜虎丘的一道亮丽的景点。高41米的嵩岳寺塔，则是国内历史最久的砖塔，它位于河南嵩山，建于北魏正光元年(520)。也有些砖塔表面镶嵌上光洁美观的琉璃，称为琉璃塔。

到唐宋时代，在北方地区出现了密檐式塔，其特征是将塔的第一层大大增高，而其余各层的层高压低，各层层檐相距很近。这类塔多为砖结构。高57.8米、十三层的北京天宁寺塔可说是密檐式塔的代表。西藏地区则流行藏传佛教，又称喇嘛教，其佛塔为喇嘛塔，外表多为白色，整体建筑雄浑壮美。而在云南南部和西南一带的傣族地区，由于受缅甸、泰国上座部佛教影响，则流行缅式塔。如景洪大勐笼的曼飞龙塔，由中央一座主塔(高16.29米)和四周八座小塔（各高9.1米）组成为群塔式建筑。每座塔都由塔基、塔身、塔刹合成。塔顶高翘，如竹笋破土而出，挺拔而峻峭。

嵩岳寺塔
引自《中国古建筑与近现代建筑》，卜德清等编著，天津大学出版社，2000年。

由于佛教的传播，佛塔建筑在我国具有广泛影响。许多地区都建筑佛塔。

如北京有妙应寺白塔，天宁寺塔，北海白塔等；苏州有罗汉院双塔，北寺塔，虎丘斜塔，瑞光塔。河南登封有嵩岳寺塔，河北定州有开元寺塔，云南大理有崇圣寺三塔，福建泉州有开元寺双塔等。我国还有金塔、银塔、铜塔。纯金的塔尚未见到，但有少数鎏金或包金的灵塔。如西藏拉萨布达拉宫有8座高10—15米各世达赖喇嘛埋骨灵塔，塔体为砖木结构，塔外包裹金皮。其中五世达赖灵塔最为宏伟，共使用5.5吨黄金皮。纯银塔一座，位于青海省湟中县塔尔寺主殿大金瓦寺内。银塔高11米，为纪念喇嘛教格鲁派创始人宗喀巴而修建。最高的铜塔是四川峨眉山麓报国寺内的华严塔。该塔于明代用紫铜铸造而成。塔高10米，周身有4700余尊浮雕小佛像和唐代名僧翻译的《华严经》全部经文，由此而得名。(参黄震宇等《古建园林赏析》，旅游教育出版社)

文学作品中有关塔的描写也很多。如唐张说《清远江峡山寺》诗："宝塔灵仙涌，悬龛造化功。"綦毋潜《题灵隐寺山顶禅院》诗："塔影挂清汉，钟声和白云。"戏剧有《珍珠塔》，就连《封神演义》中都有"托塔李天王"。在著名的民间传说《白蛇传》里，追求人生幸福的蛇精白素贞，与许仙结为夫妻，但一度被恶势力法海和尚关押在雷峰塔下。这是我国四大民间传说之一，雷峰塔也因而为世人熟知。该塔建于975年，又名黄妃塔，据说是吴越王钱弘俶为庆祝宠妃黄氏得子而专门建造。其所以称"雷"，大约与杭州夕照山最高峰"雷峰顶"有关。原为八角形、五层高的砖木结构的楼阁式塔。

塔还能供人登临眺览。如"雁塔题名"是唐代文人的风光雅事。当时考中进士者往往登临长安雁塔，壁上题诗，以抒情怀，他人纷纷仿效，一时竟成风尚。寻检《全唐诗》，许多著名诗人如宋之问、沈佺期、元稹、陆龟蒙、李商隐等都提及雁塔，表达了自己对人生、理想的价值追求。

"塔"、"北"都是入声字，发音急促、短暂，至今许多方言还保留这种读法。苏州有一座"北寺塔"，当地方言说起来与"不是塔"很接近。传说有一次有个外地人指着北寺塔问:“这是什么塔?”,当地人答曰“北寺塔”,外地人听成了“不是塔”。外地人纳闷:“明明是塔,怎么说不是?”当地人也不快:“北寺塔嘛,就是北寺塔啰!”心里说:“我还能骗你?”当时闹了一场误会不说,后来竟传为笑谈。

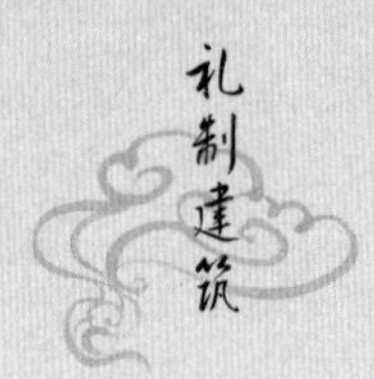

〖宗“祠”种种〗

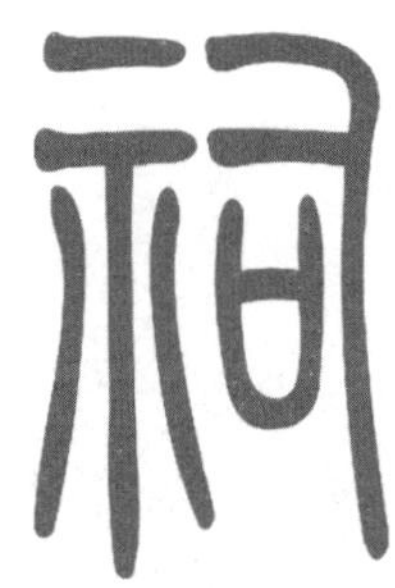

祠，甲骨文作[illegible]，金文作[illegible]，小篆作[illegible]。《说文》：“春祭曰祠。品物少，多文词也。从示，司声。”这是说，祠是祭名，表示春天的祭祀。许慎又利用“祠”“词”读音的相近，运用古人常用的声训法，推测“祠”得名的由来：“因为用来祭祀的物品少，而仪式或文词多的缘故。”所谓“物品少”，一般指祭祀时不用牛、羊、猪等动物性祭品，而是用玉器、毛皮和缯帛等物品。看来，作为一种祭祀，祠并不刻意于追求祭祀场面的隆重与奢华，而更多的是真情的缅怀与追思先人。

在古典文献和实际生活中，祠更多的是一种实施祭悼活动的建筑物，即供奉鬼神、祖先或先贤的庙堂。最晚在先秦后期，这种建筑已经出现。《史记·陈涉世家》：“(陈胜)又间令吴广之次所旁丛祠中。”司马贞索隐引《战国策》高诱注：“丛祠，神祠丛树也。”神祠是人所尊崇的神秘场所，吴广深夜里潜藏其地，晃动着闪烁的灯笼，模拟狐狸声凄厉地尖叫："大楚兴，陈胜王"，目的就是利用人们的迷信心理，制造起义的革命舆论。他们果然成功了。在这里，神祠发挥了极好的摄伏人心的文化功能。文献记载，自秦之后，除帝王祭祖的地方称庙之外，其余皆称祠。司马光《文潞公家庙碑》："先王之制，自天子至于官师皆有庙…… (秦) 尊君卑臣，于是天子之外，无敢营宗庙者。汉世公卿贵人多建祠堂于墓。"由此，家庙就称为宗祠或祠堂了。

屈子祠
引自《中国名胜楹联图志》，张玉艇著，山东画报出版社，2007年。

中国人历来有尊崇前贤的优良传统。《汉书·循吏传·文翁》："文翁终于蜀，吏民为立祠堂，岁时祭祀不绝。"慎终追远，民德归厚。文翁在蜀地大兴教化，也产生了良好的社会反馈效应。唐太宗十九年，曾下令"赠殷比干为太师，谥曰忠烈。命所司封墓葺祠堂，春秋祠以少牢。"比干是殷代贤人，因忠谏纣王被剖心而死。唐太宗不忘前贤，为之追谥修墓，还在墓旁建起祠堂，春秋两季定期祭祀，并亲自撰写祭文。他率先垂范，礼拜前贤，大有益于良好世风的形成。这一类为前贤所建的祠堂，还有：山西太原的晋祠，据说为纪念周武王次子叔虞而建，祠前有《晋祠之铭并序》碑，由唐太宗撰文并书写。湖南汨罗汉代即建有屈原墓与屈子祠。湖南耒阳蔡伦故宅，元代建有蔡侯祠与蔡伦衣冠冢。此外，还有纪念诸葛亮的武侯祠，纪念蔡襄的蔡侯祠，纪念文天祥的文天祥祠等。唐诗中也多有描写，如刘禹锡与屈子祠，李商隐与圣女祠、诸葛武侯祠，温庭筠与苏武祠。诗人们面对先贤的祠堂，也都流露出仰慕与尊崇之情。

散布全国的地方性祠堂，主要用以祭祀祖先或族亲聚会，表现了国人怀抱祖德、慎终追远的民族情怀。传说诸葛亮的子孙曾到浙江兰溪任地方官并在此定居。经历代繁衍，在当地形成了一个“诸葛镇”，成为诸葛亮后代的集中聚居地。这里建有丞相祠堂，院子里有一座高大的厅堂，其后高台上建有殿堂，供奉着诸葛亮的塑像。每年在隆重的祭祀活动之后，七十岁以上的老人被安排聚餐，年轻的族人则领到特制的馒头，使老少族人都感受到先祖的余荫，更加和谐亲密。

广州陈家祠正门
引自《中国传统砖雕》，毛晓青，王彩霞编著，人民美术出版社，2008年。

祠堂建筑寄托了后人对先祖的感恩与崇敬。从建筑风格来说，人们根据各自的条件，尽量把祠堂建造得庄严宽敞。院落多重，厅堂高敞，雕饰精美，用料考究，使祠堂光宗耀祖的性质更加凸显。祠堂往往拥有堂号，由书法高手书写，刻成金字匾悬挂于正厅。旁边开列姓氏渊源，悬挂族人荣耀的匾额。高耸的祠前牌楼，也烘托出一种肃穆、崇敬的气氛。经济实力强的宗祠还设置戏台、广场、水池等设施，以显示家族财力雄厚，增强族人的荣誉感和凝聚力。如建于19世纪90年代的广州陈家祠堂，有三进六院19座厅堂，总面积达8000多平方米。祠堂以装饰繁丽著称，主要厅堂屋顶，脊上都是彩色砖雕灰雕。石梁石栏杆石柱，布满各式雕饰。外墙上是密集的砖雕，门窗梁架则是木雕，可谓集石、砖、木雕之大全。这种精美豪华的建筑，除了寄托对先人的崇敬之情，也借以显示家族的显赫和荣耀。

祭祀祖先的祠堂，其用途往往是多方面的，除了表达崇宗祀祖、饮水思源，如果家族内有重大事务需要磋商，或各房子孙有办理婚丧寿喜等事务，也利用这些宽阔的祠堂安排活动，因此，可以说祠堂也是家族的社交场所。此外，族内倘有人违犯族规，族长可在祠堂施加训导处罚，情节严重者甚至逐出宗祠。平时祠堂实施严格管理，不用说外姓人，即使是本族妇女或儿童，也不可擅自入内，否则予以重罚。从这个意义上说，祠堂又是封建道德的法庭。另外，有的宗祠还凭借拥有科举田、学田等雄厚的经济条件，设立义塾，族人子弟可在此免费就学，接受启蒙教育。如前述广州陈家祠堂因附设学校，又被称为陈家书院。又如江苏常州盛氏宗祠有私立人范小学，学生学费均由盛氏义庄提供。有的祠堂还是公益事业的议事之处，如修桥铺路，搭建凉亭等，议就后族人出钱出力，使义举得以兑现。如此看来，祠堂的社会功能不可谓之不多，总体看对维护地方社会秩序也发挥了一定的积极作用。

在江苏徐州城东有一座子房山，相传其命名是为纪念西汉留侯张良而取意的。山麓原有子房祠（又称“庙”），明代所建，清代重修。祠内有张良塑像。传说子房山是张良以箫声吹散项羽子弟兵的山头。洞箫吹奏哀婉凄凉的楚曲，

拨动了楚兵思乡悲情而大批逃亡，从而导致项羽兵败而退。另一说是：因箫声音量有限，张良命令士兵放起几个大风筝，悬挂箩筐，每个筐中坐一人，手持梅花铁笛，吹奏楚歌，其声哀怨悲凉。此说可见明代沈采《千金记》传奇。史载，明代散文家归有光、清代词人朱彝尊都拜谒过子房祠，并留下了诗篇和词作。

【方“坛”聚绛云】

古代对天地自然的崇敬与畏惧，催生了人类早期的原始信仰。自夏商进入农耕社会之后，由于生产力水平低下，人们企盼风调雨顺，五谷丰登，于是更加倚重对天地自然的崇拜，祭祀天地日月就成了人们强烈的主观需求，并突出了崇农的文化主题。天地日月作为自然神，当然适宜于露天祭祀，于是人们就在地面上堆筑起一个高高的土丘——坛，作为特定的祭祀场所。

坛，繁体字作“壇”，形声字，从土，亶声。甲骨文中无“壇”字，也没有“亶”字，但有靣(㐭)字，作[illegible]之形，像在高台建屋中有通道之形。故有学者提出，“壇”字的本字应该是“靣”，靣是个象形字，后来加“旦”作声符为“亶”而成形声字。其后字形变异，或写靣为㐭，本义模糊，遂又加“土”作意符而成今日之“壇”。“壇”在《汗简》中作“[illegible]”，小篆作壇。《说文》：“坛，祭场也。”坛原本是没有房屋的台基。朱骏声《说文通训定声》：“除地曰场，曰墠；于墠筑

土曰坛。”王筠《说文句读》:“土基三尺，土阶三等，曰坛。”可知坛最早是平地上以土堆筑的高台，其祭祀对象主要是天地日月等自然神，因此人们常称坛为“祭坛”、“神坛”。

据文献记载，对天地的祭祀夏代已开始，历朝历代都很重视。《五经通义》说:“王者所以祭天地何？王者父事天，母事地，故以子道事之也。”自命天地之子的帝王将祭天地视为尽子之道，作为最重大的祭祀活动，即使在国之大丧期间，祭祖活动可以停止，祭天地也不能停止。同样，对日月等自然神的祭祀也受到重视，甲骨卜辞里就多有“宾日”“往于日”“侑出日”“侑入日”等祭祀日神的活动。早期的坛除祭祀自然神外，也可用于会盟、誓师、封禅、拜相等重大活动。如封禅，指帝王祭天地的典礼。在泰山上筑土为坛祭天，报天之功，称封；在泰山下梁父山上辟场祭地，报地之功，称禅。自秦汉以后，历代王朝都把封禅作为国家大典。

典故“韩信登坛”是说，刘邦听从萧何的建议，择良日，斋戒，设坛场，以隆重的仪式拜韩信为大将军。见《史记・淮阴侯列传》。后遂用“韩信登坛、筑坛拜将、登坛拜将、登坛、拜坛”等表示授予或尊拥其人为将领；用“韩信坛、韩坛、将坛、拜将台”等泛指军中拜将帅的高台。

随着社会生产力水平的提高及对皇权的日益尊崇，坛也从以土堆筑的高台演变为一种建筑群体。如北京的天坛、地坛、日坛、月坛、社稷坛等。坛是一种礼制性建筑，建坛目的在于满足人们精神文化的需求和传统礼制的需要，因而建筑标准很高。如在建筑布局上，应合阴阳五行，追求天人合一；在建筑的形象、颜色、材料、数量等方面，都要深含寓意。这样做，可以顺应上天，祈求国运昌盛、子孙繁衍，具有礼制与象征、崇拜与审美的双重内涵。如按礼制关于郊祭的原则，把天坛设置于都城的南郊，地坛设置在北郊。这是因为在阴阳关系中，天属阳，位南；地属阴，位北。南郊祭天，北郊祭帝，一上一下，一南一北，一阳一阴，双双对应。此外，因为“日出于东，月生于西，阴阳长短，终始相巡”（《礼记·祭义》），所以日坛立于东郊，月坛设于西郊，日月各得其所，以达天下之和。

天坛是明清两代帝王祭天之处，占地约千亩，规模宏大。走进天坛，顿时让人产生“天高地迥，觉宇宙之无限”的强烈感受。天坛建筑以圆为主，祈年殿、圜丘坛等都是圆形。建筑平面上，内外两重围墙的北面成圆形，南面成方形，称为“天地墙”，体现了国人“天圆地方”的思想。祈年殿殿高9丈9尺，象征九重天；基座三层，每层台阶9级；东西两配殿各有9间；东北有曲尺形长廊72间，后又建成72个配殿，称为七十二连廊。殿内共有28根高大的楠木柱，中间4根称为“通天柱”，象征春夏秋冬四季；中间12根象征一年12个月；外层12根象征一天12个时辰；两层相加共28根，象征天上的二十八宿，等等，足见古代工匠的良苦用心和高超技艺。祈求五谷丰登的祈年殿把与农耕紧密相关的星宿、季节、节气、月历、时辰都用数字表现出来，其设计可视为“天人合一”思想的绝佳体现。再说圜丘，是一个三层汉白玉的圆形露天祭场，体现了“柴燎告天，露天而祭”的古制意蕴。圜丘的台阶、栏杆、铺地石，均取一、三、五、七、九等奇数，这是因为所祭之天为阳，奇数乃阳数之故，而九是“极阳数”，圜丘通过圆形的建筑形式和通天之数“九”的应用，来体现“天人合一”。其每层的台阶均为9层，每层的栏板数量都是9的倍数，如上层为36块，中层为72块，下层为108块。其铺地石数量的安排更具匠心。圜丘坛上层中心为一块圆石，向外共铺9圈弧形石。第1圈9块，以下每层增加9块，最外圈81块。中层也铺石9圈，每圈数字依次递增。三层27圈共铺石3402块。“站在上层‘中心石’（天音石、天心石）上，若发声则会听到仿佛是来自四面八方的回音，宛如站在被一种神秘气氛所笼罩的奇异空间之中，真好似有一种‘通天’的感觉。”（黄震宇等《古建园林赏析》，旅游教育出版社）

天坛
引自《天坛-北京的世界文化遗产》，姚安、王桂荃编著，北京美术摄影出版社，2008年。

地坛在安定门外，地坛公园内。是明、清帝王夏至日祭祀皇地祇神之处。原名方泽坛。明嘉靖九年（1530）建。其设计象征“地”。地属阴性，故地坛名方泽坛，坛墙采用四方形。其建筑尺寸、用料件数采用属阴的偶数。主体建筑呈黄色，体现了“天谓之苍，地谓之黄”的原则。

社稷坛，今中山公园，在天安门左侧。“社，土地之主也，土地阔而不可尽敬，故封土为坛，以报功也。稷，五谷之长也，谷众不可偏祭，故立稷神以祭之。”（《孝经纬》）社稷坛呈方形，共三层，中央有五色土。依古人“东青土，南赤土，西白土，北骊土，中央焘以黄土”之说，坛内填上五色土，以象征东西南北中的广大疆土。

社稷坛

引自《中国古代建筑》，清华大学建筑系编，清华大学出版社，1985年。

先农坛、先蚕坛，是为了提倡耕织、以农立国而修建的。为明、清两代帝王祭祀先农神的处所。坛建于明永乐年间，清代两次重修。坛南向，为长宽各15米的方形平台。坛北有正殿五间，供奉先农神牌。坛内还有专门为皇帝亲耕的田地及观耕台。先蚕坛，位于北海公园东北角，内有亲蚕台、观桑台、蚕室及浴蚕河池等。

日坛位于朝阳门外，明嘉靖九年（1530）始建，用白石砌成一层方台。坛面原为红色琉璃，以象征太阳。日坛是明清两代皇帝祭祀太阳即大明之神的地点，每年春分日出寅时举行祭礼，文武百官相随而至，浩浩荡荡。现辟为日

坛公园。

月坛在阜成门外，是明、清帝王秋分日祭夜明神（月亮）之处，与日坛东西对称，建于明嘉靖九年（1530）。坛为方形，面砌白琉璃砖，象征月亮。清代改为白色方砖。新中国成立后辟为月坛公园。

【巍巍丰“碑”】

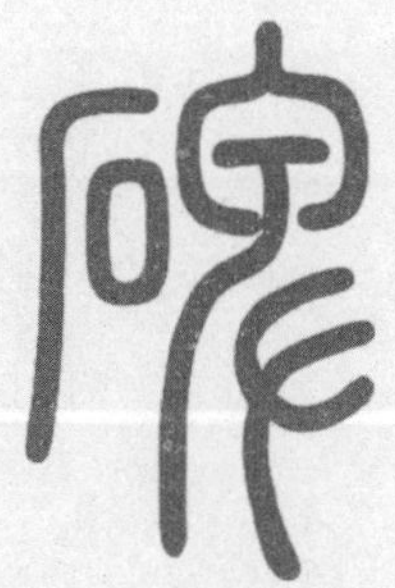

一提到碑，人们心目中就会想到一块高耸的巨石，常见的有：石碑、墓碑、界碑、纪念碑，其类别不一。其实，古代的碑已有类别的不同，而其中有的古碑与今天的碑存在着渊源关系。

碑，小篆作𥕢。形声字，从石，卑声。《说文》：“碑，竖石也。”这种竖立的石头，古代有三种类型，具有不同的功用。一是竖立于宫门前，测量日影以推算时间的石头。《仪礼·聘礼》：“东面北上，上当碑南陈。”郑玄注：“宫必有碑，所以识日影，引阴阳也。”二是竖立在宗庙庭院里拴系祭祀用牲的石头。《仪礼·聘礼》：“上当碑。”郑玄注：“凡碑，引物者，宗庙则丽牲焉，以取毛血。”《宋景文公笔记·释俗》：“碑者……施于庙则系牲。”因此，现存汉碑的顶部都留有“拴牲口”的圆孔。以上两种古碑后代渐次停止使用。第三种古碑是用来牵引棺木进入墓穴的木柱。古代贵族豪富殡葬时，因墓穴挖得很深，棺木难以下引入穴，

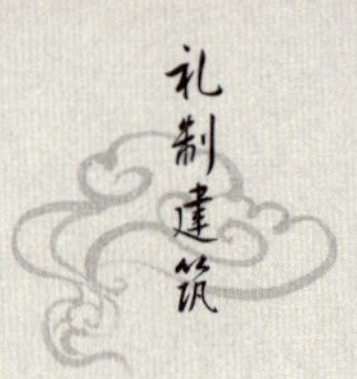

于是人们就先在墓穴四角立四根柱子，棺木绳子拴在柱子上，用轳辘将棺木缓缓放入墓穴，而碑就指装轳辘的木柱。为了表达对死者的追念，下棺后柱子并不移走，而是在木柱上简略地铭刻死者的生平与功德等。这就是碑，或曰丰碑。稍后又用石头替换木柱，书写死者生平事略，留在墓地，作为标志和纪念物。

导引棺木下葬的碑，与纪念死者功德的碑二者之间，存在着意义上的关联。唐人陆龟蒙《野庙碑》指出："碑者，悲也。古者悬而窆用木，后人书之以表其功德，因留之不忍去，碑之名由是而得。"这就告诉我们，这两种碑功能虽有不同，但却具有共同点：一是都与丧事有关，二是都表达了对于亡者的悼念与追思，都含一个"悲"字。考古发现，西汉时代碑的功能已开始转变，出土的墓碑顶部往往有一个名为"穿"的圆孔，就是供悬棺下葬时留下的痕迹。传说我国现有最早的墓碑是西汉河平二年（前26年）的"鹿孝泉"碑。

较为知名的墓碑，如曲阜孔林的孔子墓碑，明代修建，有"大成至圣文宣王墓"前石碑二通，颂扬了孔子的历史功绩。还有东晋政治家谢安的无字墓碑，宋代包拯的包公墓碑等。乾陵位于陕西咸阳，为唐高宗李治与武则天的合葬墓。两块巨碑矗立于朱雀门外。左边为"述圣记碑"，高6.3米，因全碑为7节，俗称"七节碑"，取"七曜"之意。碑文为武则天撰，歌颂高宗功德。右边为"无字碑"，通高6.3米。对于"无字"有三种猜测：一是武则天未留遗言，功过是非让后人评说；二是武氏功高无量，难以用文字表达；三是唐中宗立碑时犯难：称武则天"母后"，还是"皇帝"呢？还有一种说法是：武后驾崩前，群臣为如何评价她发生争执。或说她功德盖天，或说她篡权，女子当政，有失常伦。武后得知，便命群臣不在其碑上镌刻碑文。于是就留下这个悬案。至于明代张溥的《五人墓碑记》，则是大气凛然的历史名篇。明朝末年，宦官专权，东林党人和苏州人民不畏强暴，英勇抗争。颜佩韦等五义士"激昂大义，蹈死不顾"，其大无畏的英雄气概令人敬佩。

孔子墓碑
引自《齐鲁碑刻》，包备五编著，齐鲁书社，1996年。

碑通常由三部分组成，即碑首、碑身和碑座（趺）。文献记载，东汉顺帝起盛行石碑。南北朝时碑首开始采用佛像或雕龙。碑座则由原先方平的石头改用龟形碑座，又称龟趺，取“龟鹤延年”之意。龟强壮有力，善于负重，乌龟驮碑即由此而来。唐代五品以上的官员死后才能立龟趺碑。到明清时代龟趺制作更为精美，头部模仿龙形，称之为“赑屃”。据明杨慎《升庵外集》卷八一，说龙生九子，皆不成龙，各有所好。赑屃即为九子之一。龟趺碑等级最高，多与帝王有关。国内造型最雄健，规格最大的赑屃碑在武当山玉虚宫，高9米，龟趺重70

吨以上。

除了墓碑，碑还有庙碑、思贤碑、功德碑、纪念碑等种类。所谓“巍巍丰碑”，古代主要是指对有功德者的赞颂，刻石以记，昭示后人，今人则更多地理解为纪念碑。功德碑的功用是记功载德或颂扬政绩。最早的功德碑当数秦代李斯的泰山刻石。历史上秦始皇曾五次大巡天下，都留下了有李斯风格的秦篆刻石。现存“泰山刻石”九个半字，“琅琊刻石”十三行，都是秦篆真迹。功德碑又称为“纪功碑”、“功碑”，或简称“碑”。《新唐书·姜行本传》:“出伊川，距柳谷百里，其处有班超纪功碑。”《全唐诗》卷八二六贯休《送卢舍人三首》有“羊祜碑”一语。羊祜，晋人，封钜平侯。都督荆州诸军事十年间，开屯田，储军备，筹划灭吴。平日轻裘缓带，身不披甲，关爱下属及百姓。死后，襄阳人为之罢市巷哭。其部属于岘山羊祜平生游息之所建碑立庙。这就是“羊祜碑”的来历。因每年祭祀时，人们见碑无不流泪，所以晋杜预又命名为“堕泪碑”。当今，为了感恩革命先烈为人民解放事业所作的贡献，各地普遍建有烈士纪念碑。最具代表性的当属北京天安门广场的“人民英雄纪念碑”。巨型的花岗石嵌装于正面碑心，“人民英雄永垂不朽”八个鎏金大字熠熠生辉；汉白玉浮雕图案上记载着一百多年来中国人民惊天动地的革命业绩。底座上镌刻着用牡丹、荷花、菊花等组合的八个大花圈。

碑上的文字称为“碑志”，包括碑铭和墓志铭。碑铭有封禅纪功的，如秦《泰山刻文》，韩愈《平淮西碑》。有寺观、桥梁等建筑物的刻文，如韩愈《南海神庙碑》等。墓志铭即墓碑文，根据官阶高低，分为神道碑与墓碣两种。许多碑志书法精美，经拓印流传，成为后世学习书法的范本和研究汉字形体流变的宝贵资料。除前述《泰山刻文》等秦篆样本外，汉隶名碑则有《史晨碑》、《华山碑》、《乙瑛碑》。北朝碑志等称为魏碑，文字有隶书笔意，风格古朴拙健，以《郑文公碑》，张猛龙《龙门造像题记》为代表作。颜真卿《颜家庙碑》、《郭家庙碑》,柳公权《神策军碑》《玄秘塔碑》等,则是唐碑中的代表作。

"堕泪碑"是一个有名的典故。据《晋书·羊祜传》:"羊祜都督荆州诸军事,驻襄阳。"他勤政爱民,业绩卓著。后人在岘山上为他立庙建碑,以示怀念,见者无不落泪。后遂用"堕泪碑、岘山碑、岘亭碑、羊碑、羊公碣、堕泪碣、羊公石、岘山泪"等称扬卓著的政绩,表示怀念之情,或泛写伤心落泪。另一个典故是"沉碑会",又作"碑沉楚山"、"碑沉汉水",典出《晋书·杜预传》:"预好为后世名,常言'高岸为谷,深谷为陵',刻石为二碑,纪其勋绩,一沉万山之下,一立岘山之上,曰:'焉知此后不为陵谷乎!'"此典言杜预镇江陵时,为留名后世曾有沉碑之举。后常用作节镇宴集的典故。

徐州东南塔山上,有一块高大的《疏凿吕梁洪记》碑。此碑是明嘉靖二十三年(1544年)所立,由吏部侍郎徐阶撰文,刑部侍郎韩邦奇篆额,书法家文徵明书写,因文字、书法俱佳,故又称"三绝碑"。吕梁洪是泗水上一段湍急的河道。元代京杭大运河开凿竣工后,吕梁洪为必经之道。明代历任吕梁洪工部分司署主事都要疏浚河道或加固堤岸。这座碑记为时任管河主事陈洪范疏河事迹的记事碑。吕梁洪的险恶、漕运状况及徐州水路运输的繁荣都反映在碑文中。这座石碑为研究明代的徐州水路交通和经济状况提供了可贵的史料。

〖“陵”墓沿革〗

生老病死，人生规律，中外古今，概莫能外。常言道：“人死如灯灭”，信奉灵魂者认为人死后灵魂可以自由飞升，相信也罢，不信也罢，都得解决一个遗体安置问题。相对而言，古时火葬、水葬、天葬等只是少数地区部分人处置尸体的方式，而“入土为安”则是人类普遍的选择。这就要谈到陵墓。

远古时代，由于生产力水平低下，物质条件的限制，对死者一般实行野葬。《周易·系辞下》说：“古之丧者，厚衣之以薪，葬之中野，不封不树，丧期无数。”这是说，把死者放置野外，用厚草包扎或覆盖，既不堆积土堆，也不栽树作为标志，也不讲究丧期的长短。葬，小篆作，从茻，从死，从一。“死”，金文作，像人尸骨分离，这里指尸体，“茻”指草丛，“一”指抬尸的木板之类，合而表示将死者加以安葬。随着灵魂观念的流行和祖先崇拜意识的强化，人们认识到野葬使遗体受到风吹、日晒、雨淋及野兽侵害等弊端，这是对死者的不敬，于是开始实行土葬，为死者建造阴宅即在另一个世界的住所。

《礼记·檀弓》有“墓而不坟”的记载。指的是中原一带的古代葬俗，挖坑埋尸后，与地面平齐，不封土堆，称之为“墓”。而长江中下游地区因地下积水潮湿，则在地上用河卵石铺砌为较大的墓室，放入棺椁后，埋成大土堆，称为“墳(坟)”。后来坟墓合一，中原地区也出现了有土堆的墓葬。墓，小篆作，从土，莫声。莫是暮的本字，字形表示太阳落山，掩入草丛，这里则隐含“人进末日”之义。墳，小篆作，从土，贲声。汉字里贲声字多含“鼓起，丰满”义，因而“墳”表达了地面堆土的墓葬形式。今简化字作“坟”。

陵，形声字，从阜，夌声。阜是土山，陵也是大土山。《诗经·小雅·天保》：“如冈如陵。”汉语里有“山陵”、“丘陵”等同义复合词。《说文》：“陵，大阜也。”即大土山。陵，甲骨文作，金文作，小篆作。坟墓之所以称“陵墓”，是因为最早时帝王的坟头在墓坑(地宫)上用土层层夯筑，形成一个方形平顶的锥体，称为“方上”，形如土山，故称陵，或称帝陵。《水经注·渭水三》：“秦名天子冢曰山，汉曰陵，故通曰山陵矣。”其后实行利用山的丘峰作坟头，如安葬唐太宗李世民的昭陵，即选用1180米的九峻山为坟，凿山建造，以山之雄峻体现帝王的威严。再有，后代帝王多在“方上”式的基础上改用圆顶封土，称为“宝城宝顶”。凡此种种，都是利用山陵或土丘，取其高峻雄浑，因而名之为“陵”。发展到后期，不仅建起墓丘，而且坟前树碑、植树，设陵墓建筑，安置神道、石像生等，规格越来越高。据统计，我国历代有皇陵数百座，著名的如秦始皇陵、汉武帝茂陵、唐高宗和武则天合葬的乾陵、明十三陵、清东陵、清西陵等。

陵墓可分为地下和地上两个部分。地下部分称为“寝宫”或“地宫”。为了坚固耐久，均采用砖石结构，并模拟帝王生前的式样布置房间，存放遗体遗物。如明定陵地下宫殿分前中后三殿及左右两个配殿。顶部以琉璃瓦覆盖。建筑材料采用汉白玉、艾叶青和花斑石等巨大石块，可谓豪华壮美。地上部分为供后人祭祀的建筑物。唐代陵园布局，门外立双阙，石人、石兽列于神道两侧。神道前再建阙楼，从而烘托陵墓建筑的宏伟气魄；明清陵区则多选择群山环绕的环境，陵墓群共用一条主神道，大红门、龙凤门等依次设置在中轴线上。雕刻、绘画和碑帖文字，与建筑物融合一起，形成独具中国特色的陵墓建筑风格。

陵墓不仅是一种纪念性的建筑物，更是对人死后周边环境的安排和对“慎终追远”孝道伦理的表达，同时也被当作一种权力、地位和财富的象征。为此，选址要讲风水，必须“相天法地”、“天人合一”，要遵循“居中为尊”的易理观念。要倾尽人力、物力、财力营造陵墓，让死者能够享受类似阳间的奢华生活。

《史记·五帝本纪》：“黄帝崩，葬桥山。”黄帝陵在今陕西黄陵县北桥山之巅。现存陵冢高3.6米，周长48米。据《史记》记载，汉武帝北巡朔方后，旋即谒祭黄帝陵，为帝王中谒祭黄帝陵之第一人。黄帝陵周围自然环境优美，沮水环绕，群山环抱，古柏参天，景色宜人。

秦始皇陵兵马俑
引自《中国古代建筑》，滕明道，中国青年出版社，1985年。

据《史记》记载，秦始皇陵共修建了38年，最多时征发劳力达70多万人。

采用以陵丘为主体的布局方式，封土为覆斗状，四周建城垣，背衬骊山。墓穴内建有豪华宫观衙署，墓顶上绘有日月星辰巨型彩画，并用大量的水银做成江河湖海，俨然一座如同人间世界一样的地下宫殿。陵高76米，形如缓坡山峰，巍然矗立。内城周长2500多米，外城周长6200多米。俑坑共分三处：一号坑发掘武士俑500余躯，俑高约1.8米。二号坑人马俑共千余件。三号坑有卫士俑68驱。三坑陶俑，皆与真人相仿，造型生动，栩栩如生。其整体规模之大，葬品之丰之精，令人惊叹。秦始皇陵兵马俑坑被誉为“世界第八大奇迹”。

茂陵石刻

引自《西安经典旅游向导》，田静主编，先出版社，2007年。

在古城西安，有几座著名的古陵墓。一是茂陵，汉武帝刘彻的陵墓，有卫青、霍去病、霍光等20多个陪葬墓。霍去病墓有我国最早的石刻群。二是昭陵，唐太宗李世民与长孙皇后的陵墓。以皇帝陵为中心，建有庞大的陪葬墓群167座，有“柏城”之称，是我国历史上面积最大的皇家陵墓之一。昭陵博物馆现建于徐懋公李绩（或作“勣”）墓旁，其中的“三梁进德冠”，世所罕见。三是乾陵，唐高宗李治和武则天的合葬墓，占地2.4平方公里，气势雄伟。武则天的“无字碑”耐人寻味。如果不限于西安，扩大一些，则有“关中唐十八帝陵”。唐代共21位皇帝，除昭宗、哀宗外，都葬在关中渭北高原；其中高宗与武则天合葬，故有18座帝陵。十八陵各自建有陵园，规模大小不一，形制也有不同，反映了不同帝王时代的特征，是研究唐代政治、经济和文化艺术的重要资料。

关于明代十三陵的由来，民间流行一些传说。当年明成祖朱棣在北京四处寻找陵地，整整跑了两年，但都不理想：屠家营，“屠”表示宰杀，不吉利；狼儿谷，猪（朱）旁有狼，更危险；燕家台，“燕家”和“晏驾”（隐喻帝王去世）谐音，也不吉利。最后找到土山。这里山间开阔，群山似封若闭，中间水土丰厚。经堪舆术士一番鼓噪，朱棣遂下旨圈地80里，作陵区禁地，并立名为天寿山。从建长陵到崇祯、田妃合葬，共有13个皇帝埋葬于此，故称为“十三陵”。

与陵墓建筑相关，也产生了一些双音词。如陵户：指守护帝王陵墓的人，见《魏书·景穆十二王元顺传》。陵署：典守天子陵园的官署。见《新唐书·礼乐志四》。陵园：帝王墓地。《晋书·琅琊悼王焕传》：“营起陵园，功役其众。”陵寝：帝王墓地的宫殿寝庙。《后汉书·祭祀志下》：“秦始出寝，起于墓侧，汉因而弗改，故陵上称寝殿，起居衣服象生人之具，古陵之意也。”又如：陵庙，指帝王的陵墓和宗庙。陵茔，陵墓，墓地。陵隧，墓道。陵卫，古代皇帝陵墓的宿卫。陵庐，陵墓旁守陵用的简陋小屋。围绕陵墓，人们设置了这么多的机构、人员和房屋，充分表现了古人“慎终追远”、“事死如生”的传统理念。

【牌"坊"浅说】

关于泰山，自古以来就有各种各样的传说和演义，其中有一个便是关于登山第一站——岱宗坊的传说。当年碧霞元君为了独占泰山，用了各种各样的手段和方法，后来仍不知足，依靠父亲玉皇大帝的权势肆意扩张管辖范围，于是其他山神便找来了掌管封神大全的姜子牙来主持公道。姜子牙用智谋让碧霞元君扔自己的绣花鞋来划定管辖范围，碧霞元君于是便脱下一只绣鞋，用上全身气力朝山下扔去。扔完绣鞋以后，姜子牙和碧霞元君以及其他各路神仙一齐在山脚下找到了那只绣鞋。只见那只绣花鞋跟朝上、头朝下地插在地上，形似一座小小的坊门。后来，人们便在这里建起了一座坊门，取名岱宗坊，成了登泰山的起点。泰山脚下，凡是从泰安北关登山的人，都必须以这里为起点向上攀登。

那么，到底什么是坊呢？坊，形声字。小篆作坊。《说文新附》："坊，邑里之名。从土，方声。”这是说，“坊”本义是指“城镇中街道里巷的通称。”如《北史·诸魏宗室传·拓跋桢》：“淮南人相率投附者三千余家，置之城东汝水之侧，名曰归义坊。”据《玉海》、《义府》等古籍记载，春秋至战国时代，各诸侯国都城已有闾里为单位的居住方式。如西汉长安城共有160个闾里，每一个闾里都设弹室管理居民。宋人高承《事物纪原》说：“《汉宫阙名》：‘洛阳故北宫有九子坊’，则坊名汉有也。”隋唐时代居住区的基本单位始称“里坊”。里坊入口处设置大门，并标出此里坊的名称。入口处安排专职门卫，管理宵禁等事宜。据《旧唐书》，唐代长安城有“承宁”、“长寿”、“光德”等里坊，里坊居民称为“坊民”。里坊的门以木柱上搭横梁建成，这是牌坊的最早建筑形式。此后又演变为砖石结构，形式上也有很大变化。

我们经常会将“牌、坊”二字连起来使用，牌、坊二字又有什么关系呢？牌，形声字，从片，卑声。片，本指“木片”。牌的本义是“题榜，招牌”，以“木”代表其结构。可知“牌”已经提示了“牌坊”的形式与功能。牌坊和牌楼统称不别，细分有所差异：在单排立柱上加额枋等构件而不加屋顶的叫牌坊，在单排立柱上加额枋、斗拱等构件，上施屋顶的称为牌楼。牌楼规模大的，有三间四柱七楼，三间四柱九楼等。一些帝王墓神道上的牌楼巍峨高大，精雕细刻，在建筑史上具有重要价值。如北京十三陵陵区正门前的汉白玉石牌坊，建于明嘉靖十九年（1540），结构为五间六柱十一楼，阔近30米，石基上耸立着六根大方柱，上有浮雕云龙，立雕卧兽，显得华贵、肃穆、庄严。

牌坊在作为离宫、苑囿、寺观或陵墓等大型建筑群入口标志时，形制级别较高，屋顶常用庑殿顶或歇山顶，是建筑群的前奏，能够增加纵深方向庄严肃穆的层次感。据梁思成《中国建筑史》，河北易县永宁山的雍正帝陵，有五孔石桥，三座石牌坊皆五间大柱十一楼，气势不凡。

牌坊建在城镇街道冲要处作为街道标志时，如大路起点、十字路口、桥的两端，以及商店的门面，则形制的级别较低（黄震宇等《古建园林赏析》，旅游教育出版社）。屋顶多为悬山顶，可起丰富街景、标志位置的作用。如北京的东四牌坊，西单牌楼。山林风景区多在山道上建牌坊，既是寺观的前奏，也是山路进程的标志。

明十三陵石牌坊

引自《中国古代建筑》，清华大学建筑系编，清华大学出版社，1985年。

有的牌坊在演进中逐渐成为纪念性建筑。旧时代各地都可以见到忠义坊、贞节坊，这是为了旌表忠义之士及节妇贞女的。如奇石嶙峋的武汉龟山东端，与黄鹤矶隔江相望，相传为大禹治水成功之处。后人于此建禹王祠，立禹功矶石牌坊，以表纪念。又据《蜀中广记》，宋人杜翊进靖康初率部守城抗击夏人，兵败城破，他拒不降敌，夫妻投火而死。朝廷赐其朝议大夫，表其所居曰“忠义坊”。明代《浙江通志》卷二五八载，有《节义坊碑记》，为万历年间汤溪县所立，文由著名学者文彦博撰写。清代《河南通志·烈女》载，有女张氏，陈留人，许嫁郑瑁，未婚而瑁病故。张女不听父母劝说，坚持“一盟之心，终身不

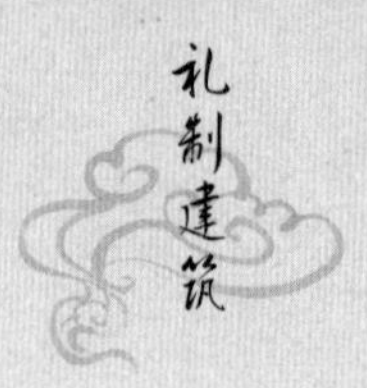

易”，中夜自缢而死。“诏建贞女坊以旌之。”湖南湘潭雨湖公园有“双璧无瑕”石牌坊，记述清嘉庆年间，有两位民女被骗入妓院，但二人坚贞不从，双双逃出，投雨湖而死，人们就为她们立下贞节牌坊。上述事迹有的的确相当感人。当然，从历史唯物论观点看，死难者中也不乏封建礼教的牺牲品。正如汪静之在《蕙的风·沿宁波途中杂诗·贞节坊》中所说：“贞女坊，节妇坊，烈妇坊—含恨地站着诉苦诉怨。”

坊在古代还是官署的名称。如隋太子官署有左右坊、内坊、典书坊等。唐有太子左右春坊。见《隋书·百官志》、《旧唐书·职官志》。如唐代有掌管女乐的官署，名曰“教坊”。先由唐高祖在禁中设置，掌管教习音乐、杂技、歌舞，其官隶属太常。武后时改为云韶府。玄宗时更置内教坊于蓬莱宫侧，京都置左右教坊，以教俗乐。岁时宴享，使用教坊诸部乐。宋元时也设置教坊司。唐代诗人白居易在其名篇《琵琶行》中，对从长安漂泊到九江的女乐人的凄惨境遇深表同情，发出了“同是天涯沦落人，相逢何必曾相识”的慨叹。这位女乐人，就出自教坊：“十三学得琵琶成，名属教坊第一部。”

坊还有一些重要义项。一是“小手工业者的工作场所”，如：作坊，酒坊，油坊，染坊等。《隋书·食货志》：“先是尚依周末之弊，官置酒坊收利，盐池盐井皆禁百姓采用。至是罢酒坊，通盐池盐井，与百姓共之。”二是“表示店铺”。《正字通·土部》：“坊，商贾贸易之所亦曰坊。”宋孟元老《东京梦华录·潘楼东街巷》：“又东十字大街曰从行里角，茶坊每五更点灯，博易买卖衣服、图画、花环、领抹之类。”酒坊，又指酒店。唐姚合《听僧云端讲经》诗：“远近持斋来谛听，酒坊鱼市尽无人。”

随着社会的发展，语言文字也在不断地发展变化。如果我们查字典找坊字所组成的词语，虽然数量很多，如：马坊、磨坊、碾坊、酒坊、谷坊、酤坊、醋坊、彩坊、茶坊、坊人、坊局、蕃坊、坊院、宝坊等等，但实际上坊字在今天的日常生活中似乎已经不多见，它作为店铺的用法虽然还留存至今，但是已经不活跃在大街小巷了。偶尔有一些喜欢复古或极具特色的小店会用某某坊来取名，让人听起来别有一番意境与风味。

【石“窟”藏宝】

记得小时候邻居家的两兄弟经常吵闹，他们之间使用频率较高的不雅之语就是“＊你个窟窿头！”比如他们在抢一小碟炒黄豆，其中一个就会说：“抢你个窟窿头！”弟弟啼哭不止，哥哥又会指责：“哭你个窟窿头！”那时候不知道“窟窿头”几个字怎么写，识字之后才知道原来“窟窿头”就是“骷髅头”，“窟窿”与“骷髅”是同源词，现在想想这两兄弟到底是有多大的仇啊，用这么恐怖的词互骂。

窟，《说文》未收。但在《说文》中有“堀”之形，小篆作“”，与“窟”同，这两个字意义相同，只是形符不同，是异体字关系。《说文》释“堀”为“突”，“突”指可居住的洞穴，泛指洞穴。《玉篇》：“窟，穴也。”形声字，从穴，屈声。从穴，表明它是一个洞穴，俗语叫“窟窿”，又叫“孔”、“洞”。窟，声母k，屈，声母q，二者不相对应，这种差异可以运用古音学原理加以解释。原来，上古音没有j、q、x声母，相应读为g、k、h声母，这样窟、屈的读音就接近了。音韵学上叫“见系两分”。窟音古为入声字。今江淮话、吴语、粤语、闽南语等仍保留入声读法。屈，也是一个入声字。

窟的本义是“洞穴”。据《战国策·齐策四》，冯谖（亦作驩、讙）在焚烧债券，为孟尝君（田文）收买薛地民心后，对孟尝君说：“狡兔有三窟，仅得免其死耳。”今只营一窟，须“复凿二窟”。于是，冯先到梁国（即魏国），劝惠王聘孟尝君，惠王派显使答应给孟黄金千斤和最上等的官位；冯还告诫孟不受梁聘，因齐必将重新起用。果然，齐国在听说梁国欲聘用孟后，君臣恐惧，赶忙派太傅送来黄金千斤，齐王还亲自写信致歉，要重新重用孟。冯又告诫孟，须“请先王之祭器，立宗庙于薛”。目的达到后，冯对孟说：“三窟已就，君姑高枕为乐矣。”后人遂以“狡兔三窟、冯谖三窟、兔藏三窟、营窟”等表示避祸求福、藏身安处，有多种应急的能力。

另据《后汉书·郡国志五》记载：“朱提山出银铜。”，唐李贤注：“《南中志》曰：‘旧有银窟数处。’”一般地说，这种洞穴是天然形成，或者说是由于地壳运动而形成的，如远古山顶洞人所居住的山顶洞，庐山的仙人洞，都是妙然天成，并不是人工开凿的。当然，人入住后的适当加工是必然的，但是性质不同。

人工开凿的洞也叫窟，或曰“土室”。《玉篇》：“窟，室也。”《左传·襄公三十年》：“郑伯有耆酒，为窟室而夜饮酒，击钟焉，朝至未已。”酒竟然喝到这样，看来，这位先生还真是一个瘾君子。这窟既然是人工开凿，那就是一种建筑形式。《礼记·礼运》：“昔者先王，未有宫室，冬则居营窟，夏则居橧巢。”疏：“谓于地上累土而为窟。”营窟，指自己盖的窟，也就是土房子。

自然崇拜观念使古人对日、月等天体寄予了丰富的想象。他们认为西方是月亮的归宿处，有一处洞穴叫“月窟”。原典出《汉书·扬雄传下》。字从“出”，“骨”声。后作窟。“月窟”又借指极西的地域。如李白《发白马》诗：

“扬兵猎月窟，转战略朝那。”古代传说，月中有兔，故“月窟”又喻指月中。如窦庠《金山行》诗:“居人相顾非人间，如到日宫经月窟。”

在我国，从北魏至隋唐，是凿窟的鼎盛时期，尤其在唐朝时期建筑了许多石窟。石窟是指开凿在山崖岩壁上的石洞，是早期佛教建筑的一种形式。在古印度，用作礼佛的石窟寺分为“支提”和“精舍”两种。支提窟前方后圆，其方形空间相当于佛寺的佛堂，是佛徒集会、说戒受忏的场所。后面半圆形空间里安置一舍利塔，供佛徒绕塔礼佛。精舍窟则呈方形，正面开门，三面设众多小龛，供僧人坐地修行。窟室后壁安置舍利塔或讲堂，是佛僧说法、礼佛与居住之处。

石窟建筑在我国经历了一个发展的过程。佛教沿丝绸之路传入我国后，早期的石窟寺便沿着这条古道陆续出现。现存最早的石窟是新疆克孜尔石窟，大约开凿于公元前3世纪末，与印度支提窟形式相近。另一个早期石窟是敦煌石窟，或称莫高窟，从5世纪的南北朝直到14世纪的元代，始终开凿不断，成为我国规模最大、持续时间最长的古代石窟。往来于古丝绸之路的商旅们，面对茫茫荒漠，祈求佛祖保平安的强烈愿望，也在石窟中得到了寄托和释放。

随后，石窟建筑在黄河流域得以扩展。如甘肃永靖石窟，天水麦积山石窟，山西大同云岗石窟，河南洛阳龙门石窟等。石窟建筑明显地出现了本土化特征。在精舍窟的基础上，把窟底中心柱改为佛座，石窟前部呈列柱前廊，形成崭新的木结构建筑。天花技艺、柱础、斗拱及造廊技艺日益娴熟，呈现出更多的中国风格与中国情调。到了唐代，石窟造像体量越造越大，并由窟内向窟外发展。世界第一大佛乐山凌云大佛，从开元元年(713)起，经历4代皇帝，历时90年得以完工。唐武帝实行禁佛灭法之后，石窟建设转向南方，四川一带成了石窟的集中地。著名的有广元千佛崖石窟，大足北山石窟，宝顶山石窟等。明清之后，随着“即心是佛”观念的流行及资本主义思想的萌芽，作为佛教建筑的石窟才逐渐衰颓下来。

山西大同云冈石窟

引自《中国古建筑与近现代建筑》，卜德清等编著，天津大学出版社，2000年。

敦煌石窟，一般指莫高窟，是我国规模最大、持续时间最长、内容最丰富的艺术石窟，与云岗石窟、龙门石窟、麦积山石窟并称我国四大石窟。地处甘肃敦煌三危山、鸣沙山之间的峭壁上，地当丝绸之路的要冲。相传开凿千年之久。现存编号洞窟492个，其中唐代的约占一半。窟内保存有4.5万余平方米壁画，2000余座彩塑和5座唐宋木构窟檐。发现于光绪年间的藏经洞（第17

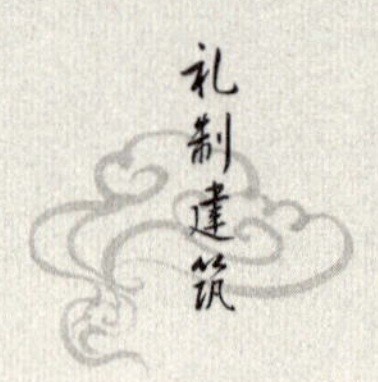

洞)，拥有经卷、文书、织绣5万余件。这引起了国内外学者的极大关注，形成了“敦煌学”专门学科。该石窟不仅是我国最重要的佛教石窟，也是闻名世界的文化艺术宝库。“是研究从十六国晚期到宋元时期800余年建筑史的宝贵资料。”(黄震宇等《古建园林赏析》，旅游教育出版社)

云岗石窟，位于山西大同武周山南麓。现存洞窟53个，石雕造像5万1千余尊。北魏兴安二年(453)开始开凿，历经40余年完工。昙曜五窟(第16至20窟)开凿最早，气势最为雄伟。第20窟高13余米的释迦牟尼坐像，神态安详庄严，为云岗石窟的代表作。第6窟四壁布满佛、罗汉、飞天等雕像。塔柱四面及石壁中下部，有释迦牟尼从诞生至成佛过程石刻连环画。内容丰富，镌刻精美。云岗石窟向以内容丰富多彩、造像气势雄伟著称。佛像大者17米，小者数厘米，形象生动，栩栩如生。

龙门石窟，位于河南洛阳，创建于北魏孝文帝时期，历400余年建成。具有代表性的窟龛有古阳洞、宾阳洞、莲花洞、奉先寺等。古阳洞有三列佛龛，佛像形象生动，并有造像题记、碑刻，书法古朴，世传“龙门二十品”有十九品在此窟内。奉先寺为代表性的唐窟、最大的露天佛龛。雕刻群布局严谨，刀法圆熟，线条流畅，形象生动。龙门石窟共有佛龛2100个，造像10万余尊，佛塔40余座，是举世闻名的艺术宝库。

麦积山石窟，位于甘肃天水县东南。始建于后秦，北魏、西魏期间大规模建造，后历代续有开凿。石窟建造于距山基20米至80米的峭壁上，层层相叠，鳞次栉比。有洞窟194个，壁画1300余平方米，各种造像7000余尊。由于山石不易雕刻，造像多为泥塑，有高浮塑、圆塑、壁塑、粘贴塑四种。大小塑像均精巧细致，神态逼真。

石窟中包含着多方面的内容，文学、历史、宗教、雕塑、舞蹈、建筑，堪称宝库，美不胜收。如莫高窟有壁画6万多平方米，其中佛的故事、佛经变文故事、礼佛图等，林林总总。龙门石窟有碑刻3600多品，“龙门二十品”从中精选而出，反映了北魏时期我国的书法概貌。敦煌十二窟雕伎乐天，展示了排箫、箜篌、琵琶重要乐器。麦积山石窟的泥塑佛像，神态各异，栩栩如生，不愧为泥塑中的精品。

建筑构件

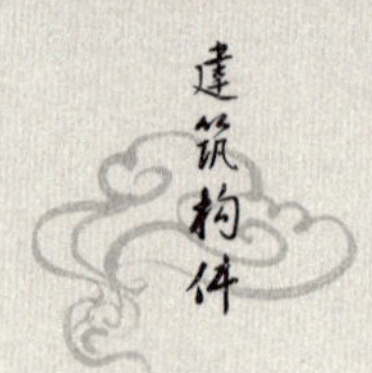

【"窗"牖之用】

窗是安置在墙壁上用来通气透光的装置，又称"窗户"。"窗明几净"，明亮的窗户，洁净的茶几，使人想到了净爽安适的居住环境。杜甫名句有"窗含西岭千秋雪，门泊东吴万里船。""千秋""万里"相对，其时空交错的历史感和空间感，真正体现了诗人思接千载、视通万里的胸次和才情。人们常说"眼睛是心灵的窗户"，而窗是面向外部世界的重要通道。

窗，小篆作。本写作"囱"，象形字。"囱"与表示"烟囱"的"囱"同音同形，王力先生《同源字典》列为同源词。他说："囱（窻）、窗实同一词。词义发展的过程是这样：最初的时候，'囱'指天窗，即在帐篷（屋）上留个洞，以透光线。后来灶突也叫'囱'，同时，墙上的窗户也叫'窗'。"《说文》："在墙曰牖，在屋曰囱。"意思是，安在墙壁上的叫牖（小篆作），安在屋顶上的叫囱。后来窗的使用范围扩大，就不受此限。从字形看，外面像窗框，中间像木格交错之形。窗的同义词还有“向”（甲骨文作），是安置在北墙上的窗户。隆冬季节，古人都先用土坯等把向堵上，以抵御寒风侵袭。说见《诗经·豳风·七月》。窗的作用使它与“光明”紧密联系了起来。在《说文》中，小篆“明”的正体作“朙”，金文作。左为“囧”，表示窗牖格格交错而敞亮，合而表示月光从窗户里映照进来。甲骨文、金文构意相同。结盟的“盟”，小篆作，从囧从血，表示歃血为盟，心地光明。甲骨文从皿，商承祚《殷虚文字类编》：“此象以皿盛血，歃之意也。”可见前人对窗象征“明亮”有着一致的认知。

花砖窗
引自《台湾民俗大观》（第五册），梁丞文，大威出版社，中华民国七十四年。

人们在生活中创造了各种各样的窗子以美化环境，如：花砖窗、书卷窗、石棂窗、木棂窗、漏窗等。精美的石雕花窗不仅透气通风，而且具有防火防盗功效。以八仙、“福”“乾”字样为图案的各式石窗，给人们的宅院增添了灵气和情趣。“中国有世界上形制最多的门窗。各种圆形、方形、多边形、曲线形以至月牙形、扇面形等规则或不规则的门窗形状已使人赞叹不已，各种门饰与窗棂更使人目不暇接。”[1]如窗子的纹式结构，可以是方格的、直条的及带图案的，如梅花、冰纹、大桃子、圆圈、卍字、寿字等。一般采用支摘窗，有的用四条隔窗。唐代与唐以前，常用直棂窗，金代大力发展隔扇窗。清代有方格窗、槛格窗、衡披窗。今陕西窑洞、山西平遥四合院，都喜欢做大花窗，大花为樱桃、双钱、麒麟钱、喜庆。窗户成了国人房屋装饰的重要着力点。

在园林建筑中，院墙、廊墙上设置漏窗，具有“泄景”“引景”的功效。如苏州拙政园“海棠春坞”是一个精巧的庭院，匠人利用院墙上的漏窗，巧妙地把大园之景引导进来，使内外之景相映生辉。留园东部的“五峰仙馆”，用图案装饰的门窗，框出了以太湖石缀山，象征庐山五老峰的优美景色。吴江退思园，清代安徽兵备道任兰生离任回乡后所建，寓“退则思过”之义。园内总体格局分左宅、中庭、右园三部分。从住宅进入中庭，庭院内樟树如冠盖，玉兰飘香，十分静谧。正厅为供宾客小憩的船厅。其侧旁的岁寒居，透过漏窗可以观赏园林框景。上海豫园有望江亭、仰山堂、快阁等著名景点，又沿墙筑“静宜轩”，坐在轩中，透过漏窗，则园外借景均隐约可见。北京颐和园的谐趣园，先在环湖安排建筑物，又巧借山丘作外围。在山丘内麓，则点缀以花石、青竹等景物。人们透过廊壁的漏窗，可以尽情欣赏那一幅幅精美的画面。

古人既发明了窗，又善于运用窗子通风接光、欣赏外景的功能，改善居住条件，营造幽静环境，这在史上不乏其人。据唐代文学家柳宗元的《永州龙兴寺西轩记》，他被贬到湖南永州后，居无定所，只好栖身于城南龙兴寺。寺内一片荒芜，寺外丛林乱石。全家人挤在西厢房，只有一扇北窗，显得既昏暗又

1 蒋蓝：《凝固的华章：正在消失的建筑》，中华工商联合出版社，2003年1月。

潮湿。面对困境，柳宗元没有泄气，他亲自动手，开辟了西牖，这样既能通风采光，去潮散热，又能凭窗赏景，从而大大改善了居住环境。[1]《闲情偶寄》的作者清人李渔也常自己制作不同样式的窗栏，如湖舫式窗、扇面窗、山水图窗、尺幅窗、梅窗等。如梅窗，剪彩作花，缀于疏枝细梗之上，俨然活梅初绽，见者人人叫绝。作者创造生活并美化生活，达到了一种艺术的境界。

"萤窗"是一个著名的典故，又作"车胤囊萤"。据《晋书》，车胤家贫，无油点灯，便收集萤火虫装在白绢口袋里照明读书，成为勤学苦读的典范。人们遂用"萤窗雪案、萤窗、萤牖"等表示勤学苦读。如唐人许浑《送前东阳于明府》诗："殷勤为谢南溪客，白首萤窗未见招。"人们还用"囊萤照读、映萤、聚萤、胤萤、照萤"等表示勤学苦读。"玉女窗"出自《文选》东汉王延寿《鲁灵光殿赋》："玉女窥窗而下视"。玉女即仙女。东汉人形容宫殿高耸有"玉女窥窗"语，北周庾信《哀江南赋》进而有"玉女窗扉"语。后因用作咏闺房或宫殿的典故。

人们在生活中美化窗子，通过窗子欣赏外在景物，在词语中可以找到不少的例子。美化窗子者如：窗花，是一种剪纸艺术，用纸剪成各种人物、花卉、图案等形象，贴在窗上作为装饰。窗花是我国民间艺术之一，特别流行于西北各地。又如窗纱，是窗上所贴的薄绢。窗纸，糊在窗上的纸。再如窗绡，用生丝所做的窗帷。透过窗子欣赏外在景物者如：窗梅，指窗外的梅花。庾肩吾《同萧左丞咏摘梅花》诗："窗梅朝始发，庭雪晚初消。"又如窗峰，窗外的山峰。张乔《赠敬亭越清上人》诗："砌木欹临水，窗峰直倚天。"

我们读《全唐诗》，发现诗人们也往往以艺术的眼光欣赏并美化窗子，为它们起了不少雅趣的名字。如绮窗，雕画美观的窗户。王维《杂诗》："来日绮窗前，寒梅着花未？"玉窗，洁白或饰玉的窗户。沈佺期《折杨柳》："玉窗朝

---

1 聂鑫森：《触摸古建筑》，湖南美术出版社，2004 年 11 月。

日映，罗帐春风吹。”绿窗，绿色之窗。沈佺期《杂诗》：“燕来红壁语，莺向绿窗啼。”金窗，饰金的华美窗户。李白《折杨柳》：“花明玉兰雪，叶暖金窗烟。”文窗，有纹饰的窗。王勃《临高台》：“复有青楼大道中，绣户文窗雕绮龙。”山窗，面山的窗子。卢照邻《羁卧山中》：“涧户无人迹，山窗听鸟声。”此外，还有“兰窗”、“高窗”、“琱窗”、“云母窗”、“珊瑚窗”等，流光溢彩，美不胜收。

【说“墙”道壁】

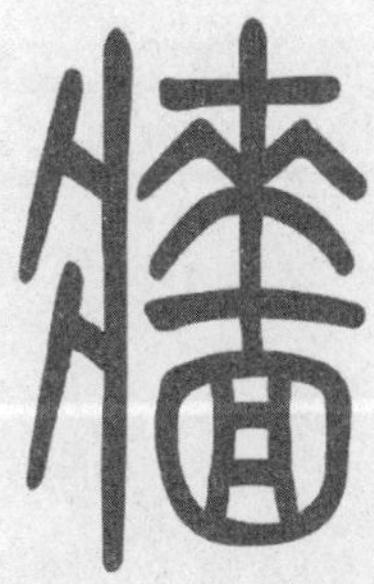

在几千年的历史演进中，我们的先人经过不懈努力，终于走出洞穴，离开巢居，创造出宫室类建筑形式，产生了城、宫、殿、堂、楼、阁、馆、榭、院等不同品类，而墙是上述建筑的共同结构要件。

墙，形声字。从土，啬声。又作牆，从爿，啬声。爿是木片，是构筑墙壁的材料之一。啬声，前人认为也有含义。徐锴《说文系传》：“取爱啬自护也。”点出了墙的护卫性功能。墙，金文作，小篆作。《说文》：“牆，垣蔽也。”墙指用砖石土木等砌成的房屋园囿之界域。《诗经·郑风·将仲子》：“将仲子兮，无逾我墙。”女子怕父兄指责、别人议论，要恋人别来相会。看来小小一堵墙，不仅是房屋园囿的界域，也成了维护道德的屏障了。墙，古音“从母阳声”，是一个全浊声母字。今吴语、湘语仍读为全浊音。

“墙”具有丰富的同义词系列。如：垣，《说文》：“垣，墙也。”“壁，垣

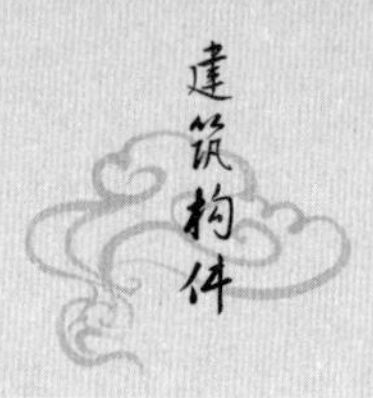

也。”“墉，城垣也。”“堵，垣也。”颓圮的墙称“垝”，“垝，毁垣也。”此外，军营中的墙称“垒”，城上的矮墙称“堞”，又叫“女墙”。形形色色，五花八门。跟其他的建筑物相比，墙的独立性相对较弱，而屏蔽功能较强，由此形成一些词语。如“墙面”，指面墙而立，目无所见。比喻不学无术。见《论语·阳货》。“墙外汉”，指局外人。《乐府诗集·慕容垂歌辞》：“慕容攀墙视，吴军无边岸。我身分自当，枉杀墙外汉。”“墙有耳”，比喻秘密易泄露，不可不防。见《管子·君臣下》。“墙倒众人推”，比喻失势者遭到流俗的一致攻击。见《红楼梦》卷六十九。

我国的墙垣历史悠久。《诗经·郑风·将仲子》就是西周有墙的文献证明。宋人高承《事物纪原》引《淮南子》：“舜作屋，筑墙茨屋，令人皆知去岳穴，有室家。”指出：“则此盖墙之始也。”墙起源于原始部落向早期城市发展的过程中，具有保卫一方领域或围合一片空间的作用。在现存的商周遗址中即可见到多处城墙或院墙的遗迹。如河南淮阳平粮台和登封王城岗，属新石器时代的龙山文化。现存最古老的城池苏州城，至今还保存着2400多年前吴王阖闾时兴建的古城墙。早期的墙大多只在城台、城角局部用砖来包砌，其余墙体则用土夯筑而成。宋元时由于火炮的运用，才逐渐在全部城垣外表包砖。明代起由于砖的产量大大提高，人们才转而普遍使用砖头。清代民间砌筑技术更为专精，分别采用“干摆”(磨砖对缝)、“丝缝”(带有细细灰缝的砌法)、“淌白”(砖缝更大一些)等技法。据傅熹年《中国古代建筑十论》，在南宋抗元战争的城防设施里，有“护门墙”，应门而建，其功用是使敌人不能望见城门开闭，以利于我方出兵突袭。“羊马墙”，是城外与壕配合的一道防线，每一丈留空眼一个，以备观望，从而构成纵深的城防体系。“护险墙”，指砌在台地外缘护坡墙顶的矮墙。这些设施在抗元战争中发挥了应有的作用。

马头墙

引自《中国文化有关建筑的100个趣味问题》，孙德刚著，金城出版社，2012年。

唐诗典故有“夫子墙”，如姚合《和座主相公西亭秋日即事》诗：“夫子墙还峻，鄜侯宅过谦。”原典出《论语·子张》，子贡以墙为喻称颂孔子道德学问高深：“夫子之墙数仞，不得其门而入……得其门者或寡矣。”后因以“夫子墙”作为称颂别人道德学问的典故。

我国的古城墙具有厚重的历史，在烽火连天、金戈铁马的岁月带给人许多传奇故事。如今又作为工艺遗产留传后人。我国有十大古城墙之说。如安徽寿县有一座保存完整的宋代城墙，周长7141米，兼有军事、防洪双重功能。山西平遥古城墙，据说始建于西周。周长6409米。城墙建筑气势雄伟。有6座瓮城，形似乌龟，故称“龟城”。河南商丘古城墙建于明代中期，周长3360米，有3600个城墙垛口，易守难攻。辽宁兴城古城墙建于明代。周长3348米。城内十字街中心为钟鼓楼，还有文庙、石坊等建筑。此外，还有南京、西安、陕西榆林、湖北荆州等地都有著名的古城墙。

墙是一种防卫性建筑，意在围与屏，标明界线，封闭视野。但在实际生活中它的功用逐渐扩大，也出现了不少门类。如家室内部，有影壁，又

叫照墙，在院门内或居室外用作屏障或装饰。如《红楼梦》里王熙凤室前有一座粉油大影壁，相当考究。庭院里的花墙，是用来观赏花卉或攀缘植物而作垂直绿化的墙面。内子墙，是一座府第中两邻院落间夹道两侧的墙。

古典园林中的墙也是各式各样。如乱石墙，磨砖墙，白粉墙，等。乱石墙又叫毛石墙，能带给人们一种质朴的野趣。磨砖墙，较为精美，一般作为主要建筑或大门上的墙裙点缀。“苏州今日所见，以白粉墙为最多，外墙上有开镜瓦窗（漏窗开在墙顶部）的，内墙间开漏窗及砖框的，所谓粉墙花影，为人乐道。”（陈从周《苏州园林概述》）墙上是黑瓦覆盖的墙顶，墙面上或安置漏窗以引景，墙根下或栽种花卉修竹，的确像是一幅精美的图画。还有一种影壁值得一提。影壁面对大门，起屏障作用。不论是在门内或门外，都是跟进出的人打照面，故又称照壁或照墙。影壁的产生有其必然性，因为它满足了人们“院内需隐，院外需避”的安全需求和保护隐私心理。一堵小墙，分隔了内外，达到了避隐效果。古时宫廷之内的影壁又称“萧墙”，这是运用声训法为其命名，“萧之为言肃也”，“萧”隐含“敬肃”“恭肃”之意。臣拜见国君，至屏墙而致敬肃之礼。由于萧墙设置于宫廷之内，因此人们常常把潜藏在内部的祸患称为“萧墙之患”，或称内乱发生为“祸起萧墙”。

园林中的墙还妙在能独立成景。如颐和园的“灯窗墙”，把各式灯窗加嵌在白粉墙上，灯窗上镶着花鸟虫鱼图案。人们在白天可以尽情欣赏一幅幅精美的扇面画；一到晚上，灯倒映在水面上，好似点缀在夜空中的群星，晶莹闪烁，恍若仙境。

此外，园林中的墙除了用于屏围之外，还具造景作用。如墙上开窗，通过空窗把隔院楼台亭阁纳入窗洞，构成一幅幅天然立体画图，使游人隔窗观望，窗外美景，尽入眼帘。如果是漏窗，则景物半隐半现，从而大大提升了景致的感染力。

徐州作为兵家必争之地，《三国志》、《水经注》等古籍曾多次提到其古城墙。在快哉亭公园南面，有一段清同治年间所建的古城墙。内城墙九里十八步，四门皆有瓮城，城门上有箭楼，四周有黄楼、燕子楼等著名建筑。古城墙于1928年由当时的驻军拆除。大约在1919年4月，青年毛泽东途经徐州，在古城墙上留下了足迹。他在与美国名记者埃德加·斯诺交谈时说："记得我第一次到北方的途中，游历过这些地方……《三国》上有名的徐州城墙，历史上也有盛名的南京城墙，我都环绕过一次。"在斯诺的《西行漫记》中有所记载。

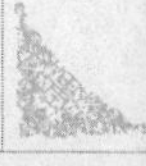

【秦“砖”汉瓦】

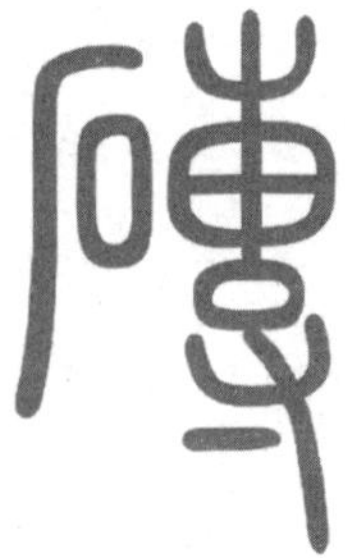

相传唐朝有一个叫赵嘏的人，诗写得非常好，并且还因为一句“长笛一声人倚楼”得到一个“赵倚楼”的称号。同时期还有一个叫常建的人，他的诗写得也不错，但他总认为自己没有赵嘏写得好。后来常建听说赵嘏要去苏州游览，就想向赵嘏学习作诗。可是用什么办法才能让他留下诗句呢？常建猛然想到：“赵嘏来苏州，肯定会去灵岩寺，如果我先在寺庙里留下半首诗，那么……”果然，赵嘏真的来到了灵岩寺，并在那面墙上见到了那半首诗，于是提笔在后面补上了两句。常建用自己的平平之作，引来了赵嘏的精彩的诗。后来，人们便把常建的这种做法称为“抛砖引玉”。是的，与玉石相比，砖块自然平凡得多，那么砖到底从何而来呢？

砖，形声字，从石，专声。《说文》中尚未收“砖”字。字从“石”，实际材料是土，这大约是人们对砖的价值期待，希望烧出的砖坚硬如石吧。文字学上，这叫相类形符的通用。砖的本义是："用黏土制成坯，经烧制而成的建筑材料。"如：青砖，红砖，瓷砖，耐火砖等。北齐颜之推《颜氏家训·终制》："蒙诏赐银百两，已于扬州小郊北地烧砖。"这表明南北朝时期"砖"字已经使用。

早在先秦时期，砖在我国已经创制出来并付诸使用。记录这个事物的字或词有好几个，如传说周代已出现了最早的砖，称为甓。《辞源》："甓：砖，古代又称瓴甓、瓴甋。"《尔雅·释宫》："瓴甋谓之为甓。"郝懿行义疏："墼与甓皆今之甎。"甎，同"砖"，见《广韵·仙韵》、柳宗元《井铭序》。宋人高承《事物纪原》："《古史考》曰：夏世乌曹氏始作甎。"这当然只是一种推测。字又作"塼"。古代把土块已烧者称为塼，未烧者称为墼。甓，小篆作。

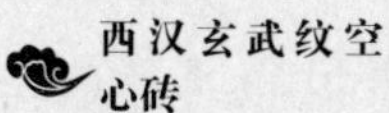

西汉玄武纹空心砖

引自《陕西文化概观》，黄高才著，北京大学出版社，2012年。

战国晚期，我国砖瓦制作技术已相当成熟，秦国更是独领风骚。到了汉代，技艺更有新的提高，大批的砖瓦投入建筑之中。1987年，在湖北潜江龙湾发掘出土多种尺寸的焙烧实心陶土红砖，地点在春秋时楚灵王所筑的章华台遗址。这是迄今为止我国发现最早的古砖。在河南洛阳东周城遗址也出土了战国的薄砖。空心砖在战国末年墓穴中已经出现，主

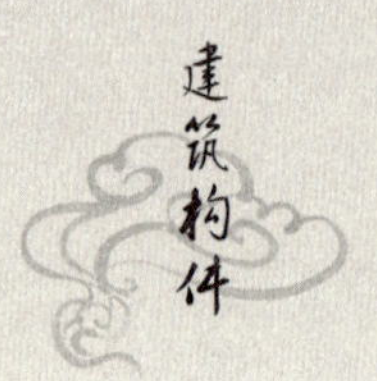

要用于砌墓墙和墓底。秦代的空心砖尺度更大，壁薄，花纹繁丽。在秦咸阳一号宫殿遗址，也挖掘出大块空心砖及用于装修的压花砖。秦砖汉瓦，自古名声远扬。据梁思成先生在《中国建筑史》中说："砖的种类有：普通砖，通常砌墙之用；发券砖，上大而下小；地砖大抵均方形；空心砖则制成柱梁等各种形状，并长方条、长方块、三角块等等，其用途殆砌作墓室者也。"

自古以来，砖被广泛地使用到塔、寺、墓、坛、台、城、殿、住宅和园林建筑之中。从东汉末年起，砖石墓逐渐取代木椁墓，并且建造规模也越来越大，成为名副其实的地下宫殿。如关中唐十八帝陵、南唐二陵、北宋七帝八陵等。用砖砌筑的古塔也是不胜枚举。如山西永济普救寺舍利塔，乃唐武则天时期所建，共13层，都用青砖涂釉，是世界四大古奇塔之一。人们如果用石块叩击塔的中部，立刻就能听到蛙鸣似的回声，颇受游人青睐。在河北承德避暑山庄，外八庙中的普陀宗乘之庙是模仿布达拉宫的寺院，均用砖砌筑，显得十分雄伟。明代的无梁殿全部用砖砌建，不设受力梁板，内部都使用发券砖，建筑技术高超世所罕见。著名的有南京灵谷寺无梁殿，建于明洪武十四年（1381）。平面长50米，宽30米，是国内现存最早、规模最大的砖建无梁殿。

北京故宫诸殿铺地所用的砖，多用专为皇宫烧制的细料方砖，因质地优良，号为金砖。金砖由苏州等府专窑烧制。当时主持制砖的工部郎中张向之在其《造砖图说》里说："入窑后要以糠草熏一月，片柴烧一月，棵柴烧一月，松枝柴烧四十天；凡百三十日而窨水出窑。"其制作要求可谓严格。成品运到北京用作铺砖前，还有十分严苛的工艺要求："首先进行砍磨砖加工，以使墁后表面严丝合缝，即'磨砖对缝'；然后抄平、铺泥、弹线、试铺；最后按试铺要求对好、刮平、浸以生桐油，才算大功告成。"而且按照规定，砍磨二尺金砖，每一工只能砍三块；而墁地时每瓦工一人、壮工二人，每天只能墁五块。运输等杂工尚未计算在内。“这种金砖的制作和铺墁，其代价真不逊于金子，饱蘸了劳动人民的血汗和智慧！”(聂鑫森《触摸古建筑》，湖南美术出版社)

城墙和城楼建筑也都以砖为主，如仅明清时代，我国就有两千座左右的州、府、县城城墙及上万座城楼，构成了古代一大砖石建筑工程系统。其中工程最浩大、最著名的砖石建筑当数长城。自春秋以来长城修葺的总长度达十万余里。其中尤以明代的修建工程最为浩大，历时百年，总长度达12 700千米。修筑了12台以上用作防御的大关城，百座以上的雄关重城，几万座敌台、墩台、烟墩，在工程技术和建筑艺术上，都达到了空前的高度，可谓砖石建筑的一大奇迹。

小小一块砖石，竟蕴藏了巨大的文化价值，那么对平常“没放在眼里”的砖头，我们是否也会刮目相看呢？本文自当抛砖引玉，希望有更多的朋友来关注汉字中的建筑之美，去探寻一砖一石所蕴含的独特文化吧。

红砖绿“瓦”

瓦是古代建筑常用的材料，智慧的祖先将一片片看似不大的瓦密密麻麻有序排列，便可或作坚固的屋顶，或作结实的墙头，为人们搭建起一座座温馨家园。瓦在悠久的历史中不仅承载着保护屋舍的使命，也蕴含有浓浓的文化内涵。

其实，古代的瓦和今人理解的瓦大不相同。瓦，小篆作。《说文》：“瓦，土器已烧之总名。”象形字，意思是：用泥土做成的已通过烧制的器皿的总称。说明“瓦”这个词古代所代表的事物，并非我们今人理解的只是“盖房子的瓦片”，而是陶制品的总称。《说文》“瓦”部收25字，许多都跟陶制品有关。如：甄，“匋也”，表示制作陶器。甑，用作蒸饭食的陶制炊具。瓯，小盆。瓴，样子像瓶的大腹陶器。成语有“高屋建瓴”，指站在屋顶上用瓴向下倒水，滚滚流水，形容势不可挡。甃，用砖砌成井壁，等等。今天北方人还用“瓦盆、瓦罐”以称说陶制的容器。后来词义缩小，陶制品各有专名，瓦就专指铺设于屋顶的建筑材料了。

瓦，是一个什么样的象形字呢？王筠《说文句读》：“既是总名，形何由象？而以屋瓦牝牡相衔说之。”屋顶的瓦，一片片正反相叠，古人就通过“牝牡相衔”来解释。古建筑瓦屋顶的结构形式是仰瓦与覆瓦的相互结合，自上而下的仰瓦组成一条瓦沟，承接着覆瓦排入的水流，再导入檐下的木枧（过水槽）。牝是雌，阴，因而仰而向上；覆瓦是牡，阳，因而覆而朝下。通过两性的结合来释义，只是一个比喻，自然不必较真儿。

带环的板瓦和带瓦钉的筒瓦

引自《中国古代建筑》，滕明道，中国青年出版社，1985年。

我国的陶瓦据说出现在西周初期。宋人高承《事物纪原》认为：“今屋之覆以瓦，自夏桀始也。”他引用了《博物志》、《古史考》、《史记》等材料。夏桀时与殷代紧接，但甲骨文尚未收“瓦”字。西周时代已经产生了板瓦、筒瓦、半圆瓦当和脊瓦等不同品类。从战国时代起，宫殿建筑的屋檐开始使用圆瓦当。汉代瓦当有了更大的发展。梁思成先生《中国建筑史》对汉代瓦作过介绍："汉瓦有筒瓦、板瓦两种，石阙及明器所示多二者并用，如后世所常见，汉瓦无釉，而有涂石灰地以着色之法。瓦当圆形者多，间亦有半圆者。瓦当纹饰有文字、动物、植物三种。"可见瓦当工艺在汉代已有相当的水平，"秦砖汉瓦"之说，实非虚妄。到北魏时代，宫殿开始使用琉璃瓦。唐代除用琉璃瓦外，还使用青瓦。青瓦分两种，一是普通青瓦，二是借鉴黑陶技术制造的高档青瓦，色泽黝黑而光亮。主要建筑一般都使用高档青瓦。文饰方面，南北朝至唐主要采用莲瓣纹。宋元时期宫殿使用各种彩色的琉璃瓦顶，纹饰则有牡丹、盘龙、兽面等。垂脊、斜脊端部，唐以前不设走兽，宋代开始有仙人、龙、狮子、马等。明清时瓦的生产规模进一步扩大，宫殿建筑普遍应用琉璃瓦，瓦与瓦饰的规格、品种更加定型化。

古代宫殿建筑的屋顶通常都覆盖黄色琉璃瓦，象征帝王的富贵、尊严与权威。如故宫中和殿，为三大殿之一，殿平面呈正方形，上面覆盖黄琉璃瓦，正中有鎏金宝顶。此殿为皇帝至太和殿坐朝时小憩处。保和殿也是三大殿之一，殿平面呈长方形，黄琉璃筒瓦覆顶，清时作为赐宴场所，乾隆后期改为殿试场所。雍和宫原为清雍正帝胤禛即位前府第，乾隆时改为喇嘛庙。其万福阁为三层歇山顶建筑，上面覆盖黄琉璃瓦，三层房檐，四角上翘，凌空欲飞，雄伟壮观。北京安定门内成贤街有国子监，为元、明、清三代国家最高学府。其辟雍在国子监中心建筑平面为方形，重檐四角攒尖顶，上面覆盖黄琉璃瓦，坐落于圆形水池中央方殿圆池，形制别具一格。颐和园游廊上面也用黄琉璃瓦覆盖。文献记载，明清时期曾明文规定：只有皇帝的宫室、陵墓建筑及奉旨兴建的坛庙才能准许使用黄色琉璃瓦。从上述举例中都可得到确认。规定还要求：亲王、郡王登高级贵族住宅只能用绿色盖顶。蓝、紫（青）等色为官宦之家所用，民舍只能用黑、灰、白等色，可谓等级森严。

白虎瓦当

引自《陕西文化概观》，黄高才著，北京大学出版社，2012年。

古人还常拿一些建筑形态设喻作譬，或引申出一些新鲜之义。如瓦子，本指瓦片，引申指瓦舍，即妓院、茶楼、酒肆、娱乐、出售杂货等场所。宋孟元老《东京梦华录·二》："街南桑家瓦子，近北，则中瓦，次里瓦，其中大小勾栏五十余座。"瓦釜，本指陶制器皿，用以比喻庸俗低下的人。《楚辞·屈原卜居》："黄锺毁弃，瓦釜雷鸣。"瓦鸡，本指瓦制的鸡，用以装饰房屋，比喻徒有形式，而无实用。南朝梁萧绎《金楼子·立言》："夫陶

犬无守夜之警，瓦鸡无司晨之益。”瓦裂，像瓦坠地而碎裂，比喻败坏。柳宗元《寄许京兆孟容书》：“立身一败，万事瓦裂，身残家破，为世大僇。”瓦解，古代制瓦时先把陶瓦制成圆筒形，分解为四，即成瓦，用来比喻事物的分裂、分离。如《汉书·匈奴传上》：“故其逐利如鸟之集，其困败瓦解云散矣。”瓦上霜，本指瓦屋上的霜，用来比喻短暂的存在。形容人自私，常说“各人自扫门前雪，莫管他人瓦上霜。”又如“瓦解冰销”，比喻完全失败或崩溃。《旧唐书·李密传》：“因其倒戈之心，乘我破竹之势，曾未旋踵，瓦解冰销。”

【苔痕绿“阶”】

唐代诗人刘禹锡在其名篇《陋室铭》里说：“苔痕上阶绿，草色入帘青。”诗人托物言志，通过描写自己所居环境清幽、景色高雅，表达出不与世俗同流合污，不慕荣利的生活态度，表现了安贫乐道的隐逸情趣。阶，台阶，布满绿苔的台阶，在这里发挥了它的点题作用。

阶，形声字。繁体作“階”，从阜，皆声。异体作“堦”，从“土”。阜，小篆作。阜的本义是土山，字形很像供人攀援而上的阶梯。“土山”与作为建筑物台阶的“阶”、“除”、“陛”、“阼”等都具有外形的和意义的联系。“阜”后来经过隶变演变为左耳旁。阶，小篆作。《说文》：“阶，陛也”，意即“台阶”。宋人高承《事物纪原》：“《释名》云：阶，梯也，言有差等。《书》称舜舞干羽于西阶。《墨子》称尧土阶三尺，茅茨不剪。《韩诗外传》则云，凤蔽日而至，黄帝降于东阶。则阶陛之制，自黄帝为栋宇则设之也。”他推测阶产生在远古时代，从已发现的夏初二里头宫殿遗址看，应当说他的推测是有一定道理的。

在古代建筑中，台阶是一个重要构件，它是台基边的梯状物，具有“乘以升屋”的功能。《礼记·丧大记》:“复有林麓则虞人设阶。”郑玄注:“复，招魂复魂也；阶，所乘以升屋也。”古代的宫室建在高出地面的台基上，要进入宫室，必须由台阶走上去。宫室的前面有两个重要台阶，位于堂前的东西两侧，分别叫“东阶”(阼阶)、“西阶”(宾阶)。古人在室外尚左，因此东阶是供主人行走的，西阶是供宾客行走的，以示尊重。由于主人与东阶的固定联系，因而就产生出“东道主”、“作东”、“东家”等语词，“东”含“主人”之义。由于客人与西阶的固定联系，人们就把请来的家庭教师称为“西宾”或“西席”。

为防潮、防腐，弥补单体建筑不够高大雄伟的缺陷，古人常常把各种建筑物建在一个高高的台基上。相传殷代“堂崇三尺”，台基高三尺；周代天子朝堂台基高达九尺。春秋战国时代形成了台式建筑。梁思成先生在《中国建筑史》中说:“中国建筑特征之一为阶基之重要，与崇峻瓦屋互为呼应。周秦西汉时尤甚，高台之风与游猎骑射并盛。其后日渐衰弛，至近世台基阶陛渐渐趋扁平，仅成文弱之衬托；非若当年之台榭，居高临下，作雄视山河之势。但宋、辽以后之‘台随檐出’及‘须弥座’等仍为建筑外形显著之大轮廓。”梁先生强调，重视台基是中国建筑总体上一以贯之的重要特色。

台基造好以后，就需要筑台阶。台阶，宋代称为“踏道”。《宋史·礼制十九》:“引弹奏御史二员入殿门踏道，当下殿，北向立。”《金史·礼志》:“由左翔龙门踏道升应天门。”清代称台阶为“踏跺”。皇宫的正殿有三座台阶，中央的台阶叫“陛”，皇帝的尊称“陛下”即由此而来。当人们踏着一级级台阶去拜谒宫、殿、堂、庙时，面对建筑物的庄严、威肃，就会不由自主地产生敬畏感，体验到高高台阶所带来的等级的森严。战国时楚王所造的章华台，因台高阶多，他国使者前来拜谒时，中间需要休息三次才能抵达台前，由此被称为“三休台”，楚王的雄威由此得到了充分彰显。北京明清时所建的太庙正殿，周围有三重汉白玉台基，左成殿有高二米的须弥座台基，天坛的祈年殿台基高于垣外地平十米以上，可以想见，必须构筑多少级台阶才能满足需要！

有一个典故叫“尧帝成茅”，出自《尹文子》：“尧为天子，衣不重帛，食不兼味。土阶三尺，茅茨不剪。”传说尧做天子，居于茅茨之屋。由“土阶三尺”，又产生另一个典故“尧阶”，指帝尧所居为茅屋土阶。后因以作歌咏帝王俭朴的典故。褚载《长城》诗：“焉知万里连云色，不及尧阶三尺高。”

台阶级数的设定固然要考虑台基的高度，但另一方面，有时设计者特意让台阶级数寓含政治的或文化的意义。如南京中山陵，是伟大的民主革命先行者孙中山先生的陵墓，其灵柩于1929年6月1日奉安于此。中山陵坐北朝南，面积共8万余平方米。陵墓入口处有高大的花岗石牌坊，上有孙先生手书的“博爱”两个金字。从牌坊开始上达祭堂，平均距离700米，上下高差73米，共有石阶392个，8个平台，都用花岗石砌成。392级台阶并非一个简单的自然数而已，而是暗喻当时全国共有3亿9千2百万同胞，可见设计者多么富有匠心。江苏徐州有著名风景区云龙山，其西麓“大士岩”供奉着玉带观音雕像。大石岩下依崖势修砌有53级台阶，即有名的“五十三参”。五十三参取意于佛教中善财童子的故事。据《华严经·入法界品》，善财童子是福生城长者之子，出生时有种种珍宝涌现，所以取名“善财”。他后来接受文殊菩萨的指点，依次参拜访问了海云比丘、弥迦长者等五十三位“善知识”(即“名师”)，最后从观音菩萨这里得道，并成为观音大士的协侍。这个故事反映了善财童子艰难求知的毅力。大石岩下砌五十三参，就是昭示拜求观音的人们，要想获得成功，就要像善财童子那样，不辞劳苦，对五十三阶逐级参拜。徐州的另一处名胜戏马台，是当年项羽检阅士兵操练的地方。走进高6米、宽6.7米的山门，红墙上覆琉璃瓦檐，门额有国画大师李可染题写的“戏马台”三字。山门所对照壁，东西长10米，高6米，下有青方石基，壁嵌著名书法家武中奇所题的“西楚大观”四字。山门外石阶共31级，象征着项羽三十一年短暂而壮烈的一生。而门内石阶23级，寓意项羽23岁时响应起义，登上反秦斗争的政治舞台。

中山陵
引自《漫游中山陵》，戚厚杰、丁萍、孙厚云编著，江苏美术出版社，2003年。

建筑之美在汉语字词中得到了充分展现。如唐代诗人就通过创造新语词盛赞台阶之美。使用频率较高的是“玉阶”，一者殿堂前通常使用汉白玉砌筑台阶，这是实写；二者赞美台阶洁净如玉，这是虚写。李白《玉阶怨》:“玉阶生白露,夜久侵罗袜。”沈佺期《古歌》:“玉阶阴阴苔藓色,君王履綦难再得。”又如“琼阶”,杨炯《和輔先入昊天观》:“草茂琼阶绿,花繁宝树红。”瑶阶:崔颢《七夕》:“长信深阴夜转幽,瑶阶金阁数萤流。”金阶:卢照邻《长安古意》:“昔时金阶白玉堂,即今唯见青松在。”碧阶:鲍溶《怨诗》:“翠袖洗朱粉,碧阶封绮钱。”香阶:无名氏《醉公子》:“划袜下香阶,冤家今夜醉。”寒阶:裴羽仙《寄夫征衣》:“重重白练如霜雪,独下寒阶转凄切。”此外,还有“天阶”、“泰阶”、“长阶”、“苔阶”等。诗句均情景交融,引人入胜。可见台阶建筑因其美观实用,自古以来就在文化上有着深刻的意义。

【雕“梁”画栋】

我国上古时期普遍采用木构架建筑，由于先民们发现木材较易采伐，质地坚韧又便于加工，因而北方地区多实行“巢居”。《韩非子·五蠹》：“上古之世，人民少而禽兽众，人民不胜禽兽虫蛇。有圣人作，构木为巢以避群害，而民悦之，使王天下，号之曰有巢氏。”这是对上古巢居生活的探索与历史追忆。抬梁式是木构架建筑的主要形式，春秋时代已经产生。它用立柱和横梁组成构架，像搭积木似的，把四根柱子竖起，加上屋顶，就成了一间房屋的雏形。几个这样的“间”就合成了一栋房子。这种框架结构，便于保持木材通风和房屋整修，显得玲珑剔透。“梁”、“栋”、“柱”都是这一类的木结构。本文重点谈谈“梁”字。

梁，形声字，从木，从水，办 (chuang) 声。金文作[古文字]，小篆作[古文字]。《说文》：“梁，水桥也。”许慎以“水中桥梁”作为梁的本义。《诗经·大雅·大明》:“造舟为梁，不显其光。”《国语·周语中》:“九月除道，十月成梁。”注:“成梁所以便民，使不涉也。”看来，至少在西周时期梁作为桥梁已经出现了。此外，梁还有以下古义：一是“河堤”，《尔雅·释宫》:“隄谓之梁。”二是筑以捕鱼的矮坝堰。见《诗经·邶风·谷风》。三，梁还表示“冠上的横脊”，见《后汉书·舆服志下》。由此，梁就给我们留下一个艺术形象：长长的，横向的，起连接作用的物体。四，梁还是一个古国名。金文《大梁鼎》中字本从“邑”。用作国名。据《春秋大事表》，其地望在今陕西韩城一带，为梁国故地。汉代的梁，则在今河南商丘。

在宫殿房屋类建筑中，梁具有极其重要的作用。梁指“屋梁，门梁”。《尔雅·释宫》:“宊廇谓之梁。”注:“屋大梁也。”又:“楣谓之梁。”注:“门户上横梁。”可知在先秦时期，梁已成为关键的建筑构件。俗称“房梁”、“门梁”、“大梁”。它是水平方向的长条形承重构件，通俗的说法称之为“横梁”。古语中与“梁”相关的双音词有：梁木，比喻肩负重任的人。梁倚，比喻像房梁一样相互依靠。梁丽，指房屋的栋梁。丽，字又作“欐”。《庄子·秋水》:“梁丽可以冲城，而不可以窒穴，言殊器也。”意思是，粗大的梁柱军事上可以用来撞击城门，但不能用来堵塞小洞，因为器物的用途不同。著名的典故“余音绕梁”出自《列子·汤问》，说从前歌女韩娥流落到齐国去，断了口粮，经过雍门，只好靠卖唱挣点吃的。她的歌声犹如天籁之音，久久回荡萦绕。“既去，而余音绕梁欐，三日不绝。”虽说是明显的夸张，却也展现了美妙音乐的动人魅力。《庄子·盗跖》:“尾生与女子期于梁（桥）下，女子不来，水至不去，抱梁柱而死。”二人约定桥下相会，女子失信，尾生久等，却因涨水抱柱而死。“尾生抱柱”讲的是坚守信约，尾生虽有点缺少变通，但能以生命兑现承诺，却又不能不令人叹服。

“梁上君子”也是个著名典故。它是“窃贼”的委婉说法。据《后汉书·陈寔传》:“有盗夜入其室,止于梁上,寔阴见,乃起自整拂,呼命子孙,正色训之曰:‘夫人不可不自勉,不善之人,未必本恶,习以性成,遂至于此,梁上君子者是矣!’”陈寔极为机智,用召开家庭会的形式,在教育子孙的同时,又教训了窃者;子孙既已齐聚,又可避免窃者孤注一掷,狗急跳墙;“梁上君子”之说,又给窃者留了一点“面子”,体现了儒者“教育为本”的理念。他处理危机的胸量与手段,对待失足者的人性化处置,令人玩味,发人深思。

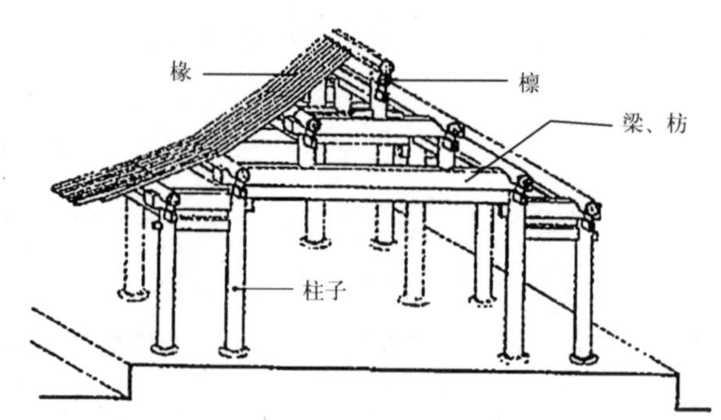

中国古代建筑木构架示意图

引自《中国古代建筑》,楼庆西著,中国国际广播出版社,2009年。

“梁”的同义词有“柱、栋、楹”等。柱,建筑物中用以支承栋梁的长条形构件,一般是竖立的。根据位置、构造、作用的不同,可以把柱子划分为若干种类。如檐柱,主要承载屋檐部分的重量。金柱,位于檐柱以内的柱子,又有外围、里围之分。此外还有中柱、山柱、童柱、擎檐柱、雷公柱、角柱等不同类型。(参黄震宇等《古建园林赏析》,旅游教育出版社)坚挺有力的木柱拔地而起,支撑着整座木架构,因此,人们比喻起主要作用的骨干力量为“顶梁柱”“擎天柱”。柱石,形容担当国家重任的人。柱臣,国家所倚重之臣。《吕氏春秋·侍君》说,春秋时代莒国有一个叫朱厉的人，是莒敖（一作“穆”）公的臣下，由于不受重用而流寓海上。后来莒公有难，朱厉奋身相救，与之共死，于是人们就用“柱厉叔”称赞那些虽不被重用而能为国死难的人臣。柱的同义词“楹”，指古建筑中厅堂前部的柱子，人们常把对联贴在楹柱上，称为“楹联”。如故宫的楹联是：“龙游凤舞中天瑞，风和日朗大地春。”

房屋正梁称“栋”。文献中常常“栋梁”并称，指代为国家承担重任的有用之才。栋梁还可以用“极”、“宙”等来表示。《庄子·则阳》：“孔子之楚，舍于蚁丘之浆，其邻有夫妻臣妾登极者。”说孔子到楚国去，住在蚁丘一户卖浆人家。那邻居夫妻老少都登上屋顶看热闹。通过孔子与子路的对话，得知他们所看的是一位贤人。这里的“极”，所指就是屋梁，宽泛点说是屋顶。又如“宙”，本指栋梁。《淮南子·览冥》：“争于宇宙之间”，注：“宇，屋檐也；宙，栋梁也。”由于安装房梁是房屋建设的关键时刻，民间常贴对联，放鞭炮，宴宾客以表庆祝，所以“宙”又引申出“时间的总称”之义。

梁、柱的重要性不言而喻。在我国民俗中，人们对梁、柱有一种出自内心的精神崇拜，如，不少地方一旦选中做梁、柱的树木，就要用红布条把它缠绕起来，人不能从它上面随意跨越。上梁更是一个重要的日子。上梁的日期和具体时辰通常由瓦匠掌尺人提前告知房主。具体时辰各地不一，一般选在“正晌午”，也有的选在“日出卯时”。到时，亲友都携带礼品前来庆贺。人们先在梁和檩上贴上对联，常见的有：“吉星高照”，“上梁大吉”，“立根逢黄道，上梁遇紫微”，“游龙戏凤安玉柱，春暖花开上金梁”等。脊檩正中，横扎两双筷子，上面的一双，横排三枚铜钱。两双筷子中间，又系上红绳，挂上铜钱。钱串下系一尺见方红布，再系上铜钱。筷子、制线、红绳、红布，组成一整套装饰物，寓意“快快发财”，以祈福求吉。同时，红绳、红布加上燃放的鞭炮，又有驱邪镇宅功用。至于杀鸡滴血，祭拜梁檩，抛撒果酥，亲友欢宴，更是其乐融融。安居，安居，中国人对于自己栖身的房屋建筑，是多么的一往情深啊！

图书在版编目(CIP)数据

汉字中的建筑之美 / 古敬恒著. — 上海 : 文汇出版社, 2015.2

(看懂中国字　读懂中国心 / 王元鹿主编)

ISBN 978-7-5496-1123-2

Ⅰ. ①汉…　Ⅱ. ①古…　Ⅲ. ①汉字-研究　Ⅳ. ①H12

中国版本图书馆CIP数据核字(2015)第007277号

丛书策划:张　衍
丛书主编:王元鹿
出 版 人:桂国强

○看懂中国字　读懂中国心○

汉字中的建筑之美

作　　者:古敬恒
责任编辑:乔　聿
装帧设计:王　翔

出版发行:文匯出版社
上海市威海路755号
(邮政编码:200041)
经　　销:全国新华书店
印刷装订:上海中华商务联合印刷有限公司

版　　次:2015年3月第1版
印　　次:2015年3月第1次印刷
开　　本:640×960　1/16
字　　数:170千
印　　张:13

ISBN　978-7-5496-1123-2
定　　价:39.00元